パラリンピックとある医師《いし》の挑戦《ちょうせん》

目次《もくじ》

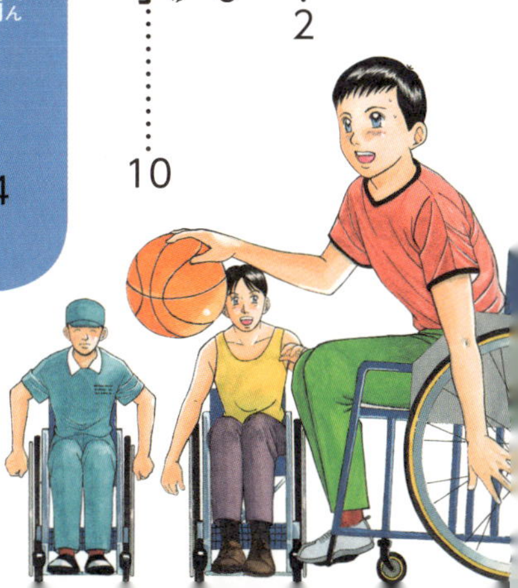

もうひとつのオリンピック
パラリンピック
Paralympic

水泳《すいえい》 視覚障《しかくしょう》がいや知的障《ちてきしょう》がい、肢体不自由《したいふじゆう》など、さまざまな障《しょう》がいの選手《せんしゅ》が、自由形《じゆうがた》、背泳《せおよ》ぎ、平泳《ひらおよ》ぎ、バタフライでスピードを競《きそ》う。

男子《だんし》100m《メートル》バタフライ **木村敬一《きむらけいいち》**

柔道《じゅうどう》 視覚障《しかくしょう》がいの選手同士《せんしゅどうし》が、組《く》み合《あ》った状態《じょうたい》から戦《たたか》う。それ以外《いがい》のルールはオリンピックとほぼ同《おな》じ。

女子《じょし》57kg級《キロきゅう》 **廣瀬順子《ひろせじゅんこ》**（右《みぎ》）

夏季大会《かきたいかい》

2020年《ねん》東京《とうきょう》大会《たいかい》では
全《ぜん》22競技《きょうぎ》が実施《じっし》される。
写真《しゃしん》は2016年《ねん》
リオデジャネイロ大会《たいかい》。

陸上競技《りくじょうきょうぎ》 トラック競技《きょうぎ》は短距離《たんきょり》から中《ちゅう》・長距離《ちょうきょり》、リレーが行《おこな》われ、障《しょう》がいによって義足《ぎそく》・義手《ぎしゅ》、車《くるま》いす等《とう》を使用《しよう》する。
女子《じょし》400m《メートル》 **辻《つじ》 沙絵《さえ》**

陸上競技《りくじょうきょうぎ》 フィールド競技《きょうぎ》は跳躍《ちょうやく》（走《はし》り高《たか》跳《と》びと走《はし》り幅跳《はばと》び）と投《とう》てき（やり投《な》げなど）が行《おこな》われる。障《しょう》がいはさまざま。
トラック、フィールド以外《いがい》に、ロード競技《きょうぎ》（マラソン）も行《おこな》われる。
男子《だんし》走《はし》り幅跳《はばと》び **山本《やまもと》 篤《あつし》**

車《くるま》いすテニス　ツーバウンドでの返球《へんきゅう》がみとめられていること以外《いがい》は、一《いっ》般《ぱん》のテニスとほぼ同《おな》じルールで戦《たたか》う。
女子《じょし》シングルス **上地結衣《かみじゆい》**

ウィルチェアーラグビー　車《くるま》いすで行《おこな》うラグビー。パラリンピック競技《きょうぎ》の中《なか》で唯一《ゆいいつ》、車《くるま》いす同士《どうし》のぶつかり合《あ》いがみとめられている。
池《いけ》 透暢《ゆきのぶ》（右《みぎ》・日本《にっぽん》チーム）

冬季大会《とうきたいかい》

2018年平昌大会《ねんピョンチャンたいかい》では
全《ぜん》6競技《きょうぎ》が実施《じっし》された。

アルペンスキー

高速系種目《こうそくけいしゅもく》のダウンヒル、スーパーG《ジー》、技術系種《ぎじゅつけいしゅ》目《もく》のジャイアントスラローム、スラロームなどが行《おこな》われる。

女子《じょし》スーパーコンバインド **村岡桃佳《むらおかももか》**

クロスカントリースキー

走法《そうほう》はクラシカルとフリー、種目《しゅもく》はスプリントやリレーなどがあり、カテゴリーは立位《りつい》、座位《ざい》、視覚障《しかくしょう》がいの3つ。

男子《だんし》1km《キロメートル》　スプリントクラシカル立位《りつい》

新田佳浩《にったよしひろ》

スノーボード

種目《しゅもく》はスノーボードクロスとバンクドスラロームの2つがあり、障《しょう》がいの種類《しゅるい》や程度《ていど》でクラスに分《わ》かれる。

男子《だんし》バンクドスラローム **成田緑夢《なりたぐりむ》**

パラリンピックの歴《れき》史《し》

パラリンピックは障《しょう》がい者《しゃ》を対象《たいしょう》にした、もうひとつのオリンピック。オリンピックと同《おな》じように4年《ねん》に1度《ど》（夏季《かき》と冬季《とうき》とが2年《ねん》おき・交互《こうご》に）行《おこな》われる。

パラリンピックの父《ちち》と呼《よ》ばれるのは、ユダヤ系《けい》ドイツ人《じん》の医師《いし》、ルートヴィッヒ・グットマン博士《はくし》だ。1944年《ねん》、イギリスのストーク・マンデビル病院《びょういん》の脊髄損傷《せきずいそんしょう》科長《かちょう》に就任《しゅうにん》したグットマンは、第二次世界大戦《だいにじせかいたいせん》で傷《きず》ついた障《しょう》がい者《しゃ》のリハビリテーションに、スポーツを積極的《せっきょくてき》に取《と》りいれた。

車《くるま》いすでのアーチェリー、バスケットボール、卓球《たっきゅう》などを、車《くるま》いす生活《せいかつ》となった障《しょう》がい者《しゃ》たちに推奨《すいしょう》。スポーツがもたらす効果《こうか》はとても大《おお》きく、体力《たいりょく》がついて自信《じしん》がもてるようになり、精神的《せいしんてき》にも回復《かいふく》していった。

「パラリンピックの父《ちち》」といわれたルートヴィッヒ・グットマン博士《はくし》。

「失《うしな》われたものを数《かぞ》えるな、残《のこ》された機能《きのう》を最大限《さいだいげん》に生《い》かせ」

グットマンのこの言葉《ことば》は、大会理念《たいかいりねん》としていまも受《う》けつがれている。

◆ストーク・マンデビル競技大会《きょうぎたいかい》が開催《かいさい》される

グットマンが、16人《にん》の車《くるま》いす障《しょう》がい者《しゃ》によるアーチェリー大会《たいかい》を開催《かいさい》したのは、1948年《ねん》7月《がつ》。ロンドンオリンピックと同《おな》じタイミングだった。これが第《だい》1回《かい》ストーク・マンデビル競技大会《きょうぎたいかい》となり、1952年《ねん》には130人《にん》もの選手《せんしゅ》が参加《さんか》する国際大会《こくさいたいかい》に発展《はってん》した。

1960年《ねん》、グットマンを会長《かいちょう》に、イギリス、オランダ、ベルギー、イタリア、フランスの5か国《こく》の協力《きょうりょく》によって国際《こくさい》ストーク・マンデビル大会委員会《たいかいいいんかい》が設立《せつりつ》された。その年《とし》に行《おこな》われたローマオリンピックのあと、同《おな》じローマでストーク・マンデビル大会《たいかい》が実現《じつげん》した。アーチェリー、陸上《りくじょう》、水泳《すいえい》、卓球《たっきゅう》、車《くるま》いすバスケットボール、車《くるま》いすフェンシングなど8競技《きょうぎ》、57種目《しゅもく》が行《おこな》われ、23か国《こく》400人《にん》の選手《せんしゅ》が参加《さんか》。この1960年《ねん》の国際《こくさい》ストーク・マンデビル大会《たいかい》が、第《だい》1回《かい》パラリンピックと位置《いち》づけられるようになった。

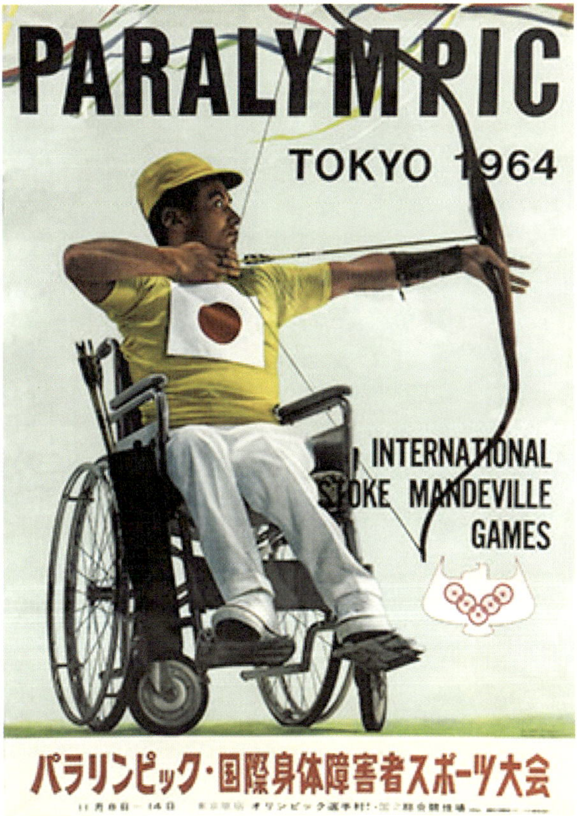

1964年東京大会《ねんとうきょうたいかい》のポスター。

◆第《だい》2回《かい》パラリンピックは、東京《とうきょう》オリンピック後《ご》に

第《だい》2回《かい》パラリンピックは、1964年《ねん》に行《おこな》われた東京《とうきょう》オリンピックのあと、東京《とうきょう》で開催《かいさい》された。それは、この本《ほん》の漫画《まんが》『太陽《たいよう》の仲間《なかま》たちよ』の主人公《しゅじんこう》である中村裕博士《なかむらゆたかはくし》が努力《どりょく》した結果《けっか》でもあり、日本《にっぽん》で障《しょう》がい者《しゃ》スポーツへの認識《にんしき》が変《か》わるきっかけともなった。

これまでのストーク・マンデビル大会《たいかい》は、のちに第《だい》1回《かい》パラリンピックと呼《よ》ばれるようになるローマ大《たい》会《かい》でも、車《くるま》いす選手《せんしゅ》による国際身体障害者《こくさいしんたいしょうがいしゃ》スポーツ大会《たいかい》だった。しかし、日本《にっぽん》の準備委員会《じゅんびいいんかい》は、車《くるま》いす選《せん》手《しゅ》だけを対象《たいしょう》とした大会《たいかい》ではなく、すべての身体障《しんたいしょう》がい者《しゃ》に開《ひら》かれた大会《たいかい》をめざした。

そして実現《じつげん》したのが、第《だい》1部《ぶ》を従来《じゅうらい》どおり車《くるま》いす選手《せんしゅ》が参加《さんか》する国際《こくさい》ストーク・マンデビル大会《たいかい》（これが第《だい》2回《かい》パラリンピックと位置《いち》づけられる）、第《だい》2部《ぶ》の国内大会《こくないたいかい》は日本選手《にっぽんせんしゅ》と西《にし》ドイツの招待選手《しょうたいせんしゅ》を対象《たいしょう》としたすべての障《しょう》がい者《しゃ》の大会《たいかい》、という2部構成《ぶこうせい》での開催《かいさい》だった。中村博士《なかむらはくし》も、すべての障《しょう》がい者《しゃ》が参加《さんか》できる大会《たいかい》とするために力《ちから》をつくしたのだった。

◆その後《ご》のパラリンピックの歴史《れきし》

そして1976年《ねん》のトロント大会《たいかい》（第《だい》5回《かい》パラリンピック）では、初《はじ》めて車《くるま》いす使用者《しようしゃ》と視覚障《しかくしょう》がい者《しゃ》、切断者《せつだんしゃ》（手足《てあし》の一部《いちぶ》を失《うしな》った人《ひと》など）が同時《どうじ》に出場《しゅつじょう》することになった。また、スウェーデンのエンシェルツヴィークで、初《はじ》めての冬季《とうき》パラリンピックが開催《かいさい》された。

1985年《ねん》、それまでさまざまな名称《めいしょう》で呼《よ》ばれていたこの大会《たいかい》を、正式《せいしき》に「パラリンピック」と呼《よ》ぶこ

とになった。
　パラリンピックが正式名称《せいしきめいしょう》となって最初《さいしょ》の大会《たいかい》となった1988年《ねん》の第《だい》8回《かい》ソウルパラリンピックには、61の国《くに》と地域《ちいき》から3000人《にん》をこす選手《せんしゅ》が参加《さんか》した。この大会《たいかい》から、オリンピックと同《おな》じ都市《とし》で、同《おな》じ会場《かいじょう》を使《つか》ってパラリンピックがひらかれるようになった。また、この大会《たいかい》で初《はじ》めてパラリンピックのシンボルがつくられた。このときは、オリンピックと同《おな》じ5色《しょく》を使《つか》ったデザインだった。現在《げんざい》のデザインは3代目《だいめ》で、2004年《ねん》アテネ大会《たいかい》の閉会式《へいかいしき》から使用《しよう》されている。
　2008年《ねん》の北京大会《ペキンたいかい》からは、オリンピックとパラリンピックがひとつの大会組織委員会《たいかいそしきいいんかい》によって運営《うんえい》されるようになり、2012年《ねん》ロンドン大会《たいかい》からは、「オリンピック・パラリンピック」とならべて書《か》かれるようになった。2016年《ねん》のリオデジャネイロパラリンピックには、史上最多《しじょうさいた》の4333人《にん》が出場《しゅつじょう》した（参加《さんか》した国《くに》と地域《ちいき》は159）。

赤《あか》、青《あお》、緑《みどり》の3色《しょく》の曲線《きょくせん》で描《えが》かれるパラリンピックのシンボルは、「私《わたし》は動《うご》く」＝運動《うんどう》を意味《いみ》するとともに、パラリンピックのモットーである「動《うご》くことの勇気《ゆうき》」を意味《いみ》している。

　このように、パラリンピックは大会《たいかい》ごとに規模《きぼ》を拡大《かくだい》し、さまざまな障《しょう》がいをもつ選手《せんしゅ》に門戸《もんこ》をひらいてきた。16人《にん》で静《しず》かに始《はじ》まった「リハビリのための大会《たいかい》」は、4000人以上《にんいじょう》が参加《さんか》する「世界最高峰《せかいさいこうほう》の障《しょう》がい者《しゃ》スポーツ大会《たいかい》」へと大《おお》きな変化《へんか》をとげた。
　これからのパラリンピックが、どんな発展《はってん》をしていくのか、期《き》待《たい》したい。

パラリンピックで活躍《かつやく》した日本人《にほんじん》選手《せんしゅ》

河合純一《かわいじゅんいち》

2004年《ねん》アテネ大会《たいかい》、男子《だんし》50m《メートル》自由形《じゆうがた》視覚《しかく》障《しょう》がいクラスで金《きん》メダルに輝《かがや》いた河合純一《かわいじゅんいち》。

日本人《にほんじん》最多《さいた》メダル（21個《こ》）獲得《かくとく》

水泳《すいえい》

1992バルセロナ（銀《ぎん》2、銅《どう》3）、1996アトランタ（金《きん》2、銀《ぎん》1、銅《どう》1）、2000シドニー（金《きん》2、銀《ぎん》3）、2004アテネ（金《きん》1、銀《ぎん》2、銅《どう》2）、2008北京《ペキン》（銀《ぎん》1、銅《どう》1）、2012ロンドン

土田和歌子《つちだわかこ》

2016年《ねん》リオ大会《たいかい》での土田和歌子《つちだわかこ》。惜《お》しくもメダルをのがした。

日本人《にほんじん》初《はつ》の夏冬《なつふゆ》金《きん》メダリスト

アイススレッジスピードレース／陸上競技《りくじょうきょうぎ》／トライアスロン

1994リレハンメル冬季《とうき》、1998長野《ながの》冬季《とうき》（金《きん》2、銀《ぎん》2）、2000シドニー（銅《どう》）、2004アテネ（金《きん》1、銀《ぎん》1）、2008北京《ペキン》、2012ロンドン、2016リオデジャネイロ

大日方邦子《おびなたくにこ》

2010年《ねん》バンクーバー大会《たいかい》、アルペンスキー大回転座位《だいかいてんざい》で銅《どう》メダルを獲得《かくとく》した大日方邦子《おびなたくにこ》。

日本人《にほんじん》初《はつ》の冬季《とうき》大会《たいかい》金《きん》メダリスト

アルペンスキー

1994リレハンメル、1998長野《ながの》（金《きん》1、銀《ぎん》1、銅《どう》1）、2002ソルトレークシティ（銅《どう》2）、2006トリノ（金《きん》1、銀《ぎん》2）、2010バンクーバー（銅《どう》2）

１９７５年《ねん》生《う》まれ。生《う》まれつき左目《ひだりめ》は見《み》えず、15歳《さい》で右目《みぎめ》も失明《しつめい》。子《こ》どものころからとりくんでいた水泳《すいえい》で世界一《せかいいち》になる夢《ゆめ》に挑戦《ちょうせん》する。

見《み》えないなかでまっすぐ泳《およ》ぐため、コースロープに触《ふ》れながら泳《およ》ぐ技術《ぎじゅつ》などを習得《しゅうとく》し、パラリンピックにバルセロナ大会《たいかい》から6大会連続《たいかいれんぞく》で出場《しゅつじょう》した。金《きん》メダル5個《こ》をふくむ合計《ごうけい》21個《こ》のメダル獲得《かくとく》は日本《にっぽん》のパラリンピック選手《せんしゅ》として最多《さいた》。

競技生活《きょうぎせいかつ》をしながら、幼《おさな》いころからの「教師《きょうし》になる」夢《ゆめ》も実《じつ》現《げん》。１９９８年《ねん》、日本初《にっぽんはつ》の全盲《ぜんもう》の教師《きょうし》として母校《ぼこう》の中学校《ちゅうがっこう》に赴《ふ》任《にん》し、水泳部監督《すいえいぶかんとく》もつとめた。現役引退後《げんえきいんたいご》も、パラリンピックを普及《ふきゅう》させる活動《かつどう》をしている。

１９７４年《ねん》生《う》まれ。高校《こうこう》２年《ねん》のとき、交通事故《こうつうじこ》によって車《くるま》いす生活《せいかつ》となる。パラリンピックは'94年《ねん》、'98年《ねん》と冬季大会《とうきたいかい》のアイススレッジスピードレースに出場《しゅつじょう》し、金《きん》メダル獲得《かくとく》。その後陸上競技《ごりくじょうきょうぎ》に転向《てんこう》。アテネ大会《たいかい》で日本人初《にほんじんはつ》となる夏冬《なつふゆ》パラリンピック金《きん》メダリストになった。

結婚《けっこん》、出産《しゅっさん》を経《へ》て出場《しゅつじょう》した北《ペ》京《キン》大会《たいかい》の５０００m《メートル》でほかの選《せん》手《しゅ》の転倒《てんとう》に巻《ま》きこまれてケガをし、マラソンは欠場《けつじょう》となる。２０１３年大分国際車《ねんおおいたこくさいくるま》いすマラソン大会《たいかい》で、女子《じょし》Ｔ54クラス世界《せかい》記録《きろく》(１時間《じかん》38分《ぶん》7秒《びょう》)を樹立《じゅりつ》。

リオ大会《たいかい》ではマラソンで４位《い》。２０１８年《ねん》、トライアスロンへの転向《てんこう》を表明《ひょうめい》。新《あら》たな競技《きょうぎ》で、２０２０年東京《ねんとうきょう》をめざす。

１９７２年《ねん》生《う》まれ。３歳《さい》のとき交通事故《こうつうじこ》で右脚《みぎあし》を切断《せつだん》、左脚《ひだりあし》にも重《おも》い障《しょう》がいが残《のこ》る。

幼《おさな》いころからさまざまなスポーツに挑戦《ちょうせん》するなか、高校《こうこう》２年《ねん》で、すわってすべるアルペンスキー（チェアスキー）と出会《であ》い、リレハンメル冬季大会《とうきたいかい》でパラリンピック初出場《はつしゅつじょう》をはたす。

切《き》れのよい高速《こうそく》のターン技術《ぎじゅつ》と力強《ちからづよ》いすべりで、長野大会《ながのたいかい》では日本人初《にほんじんはつ》の冬季《とうき》パラリンピック金《きん》メダリストとなった。５大《たい》会連続出場《かいれんぞくしゅつじょう》でメダル計《けい》10個《こ》を獲《かく》得《とく》。現役引退後《げんえきいんたいご》は、パラリンピックを普及《ふきゅう》させる活動《かつどう》にとりくんでいる。

２０１８年平昌《ねんピョンチャン》パラリンピックでは、日本選手団団長《にっぽんせんしゅだんだんちょう》をつとめた。

鈴木《すずき》 徹《とおる》

2016年《ねん》リオ大会《たいかい》、陸上男子走《りくじょうだんしはし》り高跳《たかと》び決勝《けっしょう》での鈴木徹《すずきとおる》。

日本人初《にほんじんはつ》の義足《ぎそく》パラリンピアン

陸上競技《りくじょうきょうぎ》

2000シドニー、2004アテネ、2008北京《ペキン》、2012ロンドン、2016リオデジャネイロ

国枝慎吾《くにえだしんご》

2016年《ねん》リオ大会《たいかい》での国枝慎吾《くにえだしんご》。華麗《かれい》なチェアワークは世界最高《せかいさいこう》といわれる。

シングルス男子《だんし》史上初《しじょうはつ》2連覇《れんぱ》

車《くるま》いすテニス

2004アテネ（ダブルス金《きん》）、2008北京《ペキン》（シングルス金《きん》、ダブルス銅《どう》）、2012ロンドン（シングルス金《きん》）、2016リオデジャネイロ（ダブルス銅《どう》）

ゴールボール女子日本代表《じょしにっぽんだいひょう》

2012年《ねん》ロンドン大会《たいかい》でゴールを守《まも》る日本《にっぽん》チーム（浦田理恵《うらたりえ》）。

日本団体球技初《にっぽんだんたいきゅうぎはつ》の金《きん》メダル獲得《かくとく》

ゴールボール

2004アテネ（銅《どう》メダル）、2008北京《ペキン》、2012ロンドン（金《きん》）

1980年《ねん》生《う》まれ。ハンドボール選手《せんしゅ》として将来《しょうらい》を期待《きたい》されていた高校《こうこう》3年《ねん》のとき、交通《こうつう》事故《じこ》によって右脚《みぎあし》をひざ下《した》から切断《せつだん》。リハビリのなかで陸上競技《りくじょうきょうぎ》と出会《であ》い、競技用義足《きょうぎようぎそく》での走《はし》り高跳《たかと》びに挑戦《ちょうせん》する。

事故《じこ》からわずか1年半後《ねんはんご》の2000年《ねん》、日本人義足《にほんじんぎそく》アスリートとして初《はじ》めてパラリンピックに出場《しゅつじょう》。以来《いらい》、リオ大会《たいかい》まで5大会連続入賞《たいかいれんぞくにゅうしょう》（最高《さいこう》4位《い》／ロンドン、リオ）をはたす。

2006年《ねん》には2m《メートル》をクリアし、世界《せかい》で2人目《ふたりめ》の「義足《ぎそく》の2m《メートル》ジャンパー」となった。2017年《ねん》、世界選手権《せかいせんしゅけん》（ロンドン）で銅《どう》メダル獲得《かくとく》。自己《じこ》ベストは'16年《ねん》にマークした2m《メートル》2cm《センチ》（アジア記録《きろく》）。

1984年《ねん》生《う》まれ。9歳《さい》のとき病気《びょうき》で下半身《かはんしん》まひになり、11歳《さい》で車《くるま》いすテニスを始《はじ》めた。車《くるま》いすをあやつる技術《ぎじゅつ》である「チェアワーク」を武器《ぶき》に、長《なが》く世界《せかい》ランキング1位《い》を守《まも》った車《くるま》いすテニス界《かい》のレジェンド。

2007年《ねん》には車《くるま》いすテニス史上初《しじょうはつ》となるグランドスラム（4大大会全制覇《だいたいかいぜんせいは》）を、2010年《ねん》にはシングルス100連勝《れんしょう》を達成《たっせい》した。パラリンピックはアテネ大会《たいかい》から4大会連続出場《たいかいれんぞくしゅつじょう》。北京《ペキン》、ロンドン大会《たいかい》で達成《たっせい》したシングルス2連覇《れんぱ》は史上初《しじょうはつ》。

リオ大会《たいかい》は右《みぎ》ひじの手術《しゅじゅつ》の影響《えいきょう》もあり、ダブルス銅《どう》にとどまったが、調子《ちょうし》をもどしている。2020年東京大会《ねんとうきょうたいかい》で金《きん》メダル奪還《だっかん》をめざす。

もとは視覚《しかく》に障《しょう》がいのある人《ひと》のリハビリテーションを目的《もくてき》に考案《こうあん》された、パラリンピック特有《とくゆう》の球技《きゅうぎ》。

1チーム3人《にん》で、相手《あいて》ゴールに向《む》かってボールをころがし、得点《とくてん》を競《きそ》う。選手《せんしゅ》は目《め》かくししてまったく見《み》えない状態《じょうたい》でプレーするので、鈴入《すずい》りのボール音《おん》や足音《あしおと》などがたより。聴覚《ちょうかく》をとぎすませ、守《まも》って攻《せ》める。

2012年《ねん》ロンドン大会《たいかい》で日本《にっぽん》の団体球技初《だんたいきゅうぎはつ》となる金《きん》メダルを獲得《かくとく》。決勝戦《けっしょうせん》では、小柄《こがら》な日本《にっぽん》チームはきたえぬいた守備力《しゅびりょく》で、中国《ちゅうごく》の猛攻撃《もうこうげき》を無得点《むとくてん》におさえた。

ロンドン大会《たいかい》メンバー／安達《あだち》阿記子《あきこ》、浦田理恵《うらたりえ》、欠端瑛子《かけはたえいこ》、小宮正江《こみやまさえ》、中嶋茜《なかしまあかね》、若杉遥《わかすぎはるか》。

太《たい》陽《よう》の仲《なか》間《ま》たちよ
身体障《しんたいしょう》がい者《しゃ》とある医師《いし》の挑戦《ちょうせん》
〈前《ぜん》編《ぺん》〉

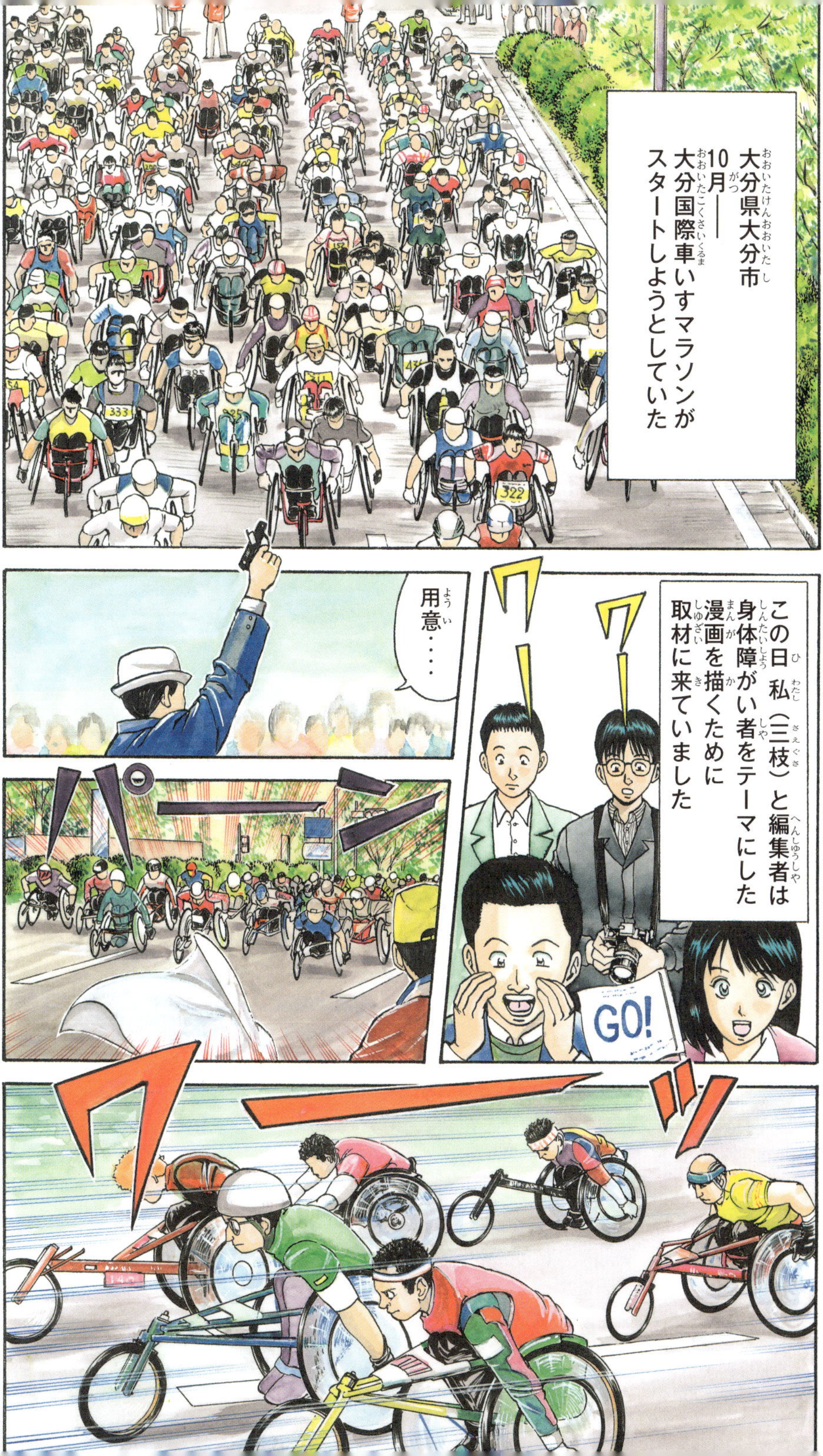
大分県大分市《おおいたけんおおいたし》
10月《がつ》——
大分国際車《おおいたこくさいくるま》いすマラソンが
スタートしようとしていた
ワ!
ワ!
この日《ひ》 私《わたし》（三枝《さえぐさ》）と編集者《へんしゅうしゃ》は
身体障《しんたいしょう》がい者《しゃ》をテーマにした
漫画《まんが》を描《か》くために
取材《しゅざい》に来《き》ていました
GO!
用意《ようい》・・・・
パーン
ワーッ

みんな なんて力強《ちからづよ》いんだろう 上半身《じょうはんしん》はたくましく 表情《ひょうじょう》も生《い》き生《い》きとしてる
このスピードで 42・195キロを 走《はし》りきって しまうと いうんだから すごいなあ……
まさか こんなに大《おお》きな 大会《たいかい》だとは 思《おも》わなかったね
そうですね
※世界《せかい》32か国《こく》もの 地域《ちいき》から469人《にん》も 参加《さんか》してる そうだよ
※1993年の大会での数字
それを応援《おうえん》する 人達《ひとたち》の数《かず》も すごいですね
ここは 街全部《まちぜんぶ》が一体《いったい》となって 障《しょう》がいのある人々《ひとびと》を 心《こころ》から 応援《おうえん》しているんだよ
GO!
……
このマラソン大会《たいかい》は 1981年《ねん》 ある一人《ひとり》の医師《いし》の考《かんが》えから 始《はじ》められました
これから始《はじ》まる この話《はなし》は
障《しょう》がい者《しゃ》の社会復帰《しゃかいふっき》に 一生《いっしょう》をささげた その医師《いし》と それをささえた人々《ひとびと》の 物語《ものがたり》です

※この作品は、同タイトルの中村裕氏の著作と、取材した事実をもとに漫画として構成したものです。

1959年《ねん》
大分県別府市《おおいたけんべっぷし》
国立別府病院《こくりつべっぷびょういん》
彼《かれ》の名前《なまえ》は中村《なかむら》 裕《ゆたか》(32)
この病院《びょういん》の整形外科科長《せいけいげかかちょう》である
整形外科《せいけいげか》とは病気《びょうき》やケガで傷《きず》ついた身体《からだ》を正常《せいじょう》に整《ととの》え治療《ちりょう》するところで
その中《なか》でもおもに裕《ゆたか》は脊髄《せきずい》を損傷《そんしょう》して入院《にゅういん》してくる患者《かんじゃ》の治療《ちりょう》にあたっていた
病気《びょうき》や事故《じこ》で脊髄《せきずい》が傷《きず》つくと神経《しんけい》が麻痺《まひ》し 手足《てあし》が不自由《ふじゆう》になることが多《おお》い
なぜなら脳《のう》から送《おく》られた指令《しれい》は脊髄《せきずい》をとおって体中《からだじゅう》の神経《しんけい》をつたわり体《からだ》を動《うご》かしているからである
いよいよ今日《きょう》で退院《たいいん》ですね
お大事《だいじ》に

・・・・・・・・
佐藤《さとう》さん退院《たいいん》した後《あと》はどうするのですか？
この人《ひと》も動《うご》くのが不自由《ふじゆう》で働《はたら》く場《ば》がないですし
家《いえ》の中《なか》で私《わたし》が世話《せわ》していかなければならないでしょうね
そうですか・・・・
佐藤《さとう》さんお大事《だいじ》に
とうとうあの人《ひと》一度《いちど》も私達《わたしたち》と口《くち》きかなかったですね・・・

入院《にゅういん》してきてから笑《わら》ったところも見《み》たことなかったですよ・・・・
・・・・
そうとうショックだったんですよ
突然《とつぜん》 事故《じこ》で足《あし》が不自由《ふじゆう》になってしまってこれから車《くるま》いすの生活《せいかつ》を送《おく》らなければならないんですもの
まだ精神的《せいしんてき》に立《た》ち直《なお》れないのよ・・・・
整形外科医《せいけいげかい》としての治療《ちりょう》はすんだ
手術《しゅじゅつ》も成功《せいこう》したし温泉治療《おんせんちりょう》や電気療法《でんきりょうほう》もマッサージもやって彼《かれ》の健康《けんこう》を回復《かいふく》させ退院《たいいん》できるまでになった・・・・
でも・・・とうとう彼《かれ》の心《こころ》の痛手《いたで》を治《なお》すことはできなかった
他《ほか》の病室《びょうしつ》の患者達《かんじゃたち》もみんなそうだ・・・・
歩《ある》けなくなってしまうと知《し》ってその悲《かな》しみで心《こころ》をとざしてしまっている・・・・

みんな退院《たいいん》して
いったとしても
家《いえ》の中《なか》か療養所《りょうようしょ》に
とじこもって
人目《ひとめ》をさけて
生活《せいかつ》するのだろう‥‥
なんとかして
彼《かれ》らに明《あか》るさを
とりもどさせ
生《い》きていく希望《きぼう》を
もたせることは
できないんだろうか‥‥
それともしょせん
医者《いしゃ》の俺《おれ》には
彼《かれ》らの心《こころ》まで
治《なお》すことはできないん
だろうか‥‥
しかし
こうした裕《ゆたか》の考《かんが》えを
変《か》える出来事《できごと》が
1960年《ねん》5月《がつ》に
おこった
裕《ゆたか》はイギリスの
ロンドン郊外《こうがい》にある
ストーク・マンデビル
国立脊髄損傷《こくりつせきずいそんしょう》センターに
研修《けんしゅう》に来《き》ていた
どうも‥‥
日本《にっぽん》から来《き》た
中村《なかむら》です
まあ ゆっくり
勉強《べんきょう》していって
下《くだ》さい
この病院《びょういん》の
脊髄損傷患者《せきずいそんしょうかんじゃ》の85%は
6か月《げつ》の治療《ちりょう》と訓練《くんれん》で
社会復帰《しゃかいふっき》しているん
ですよ
え‥‥？

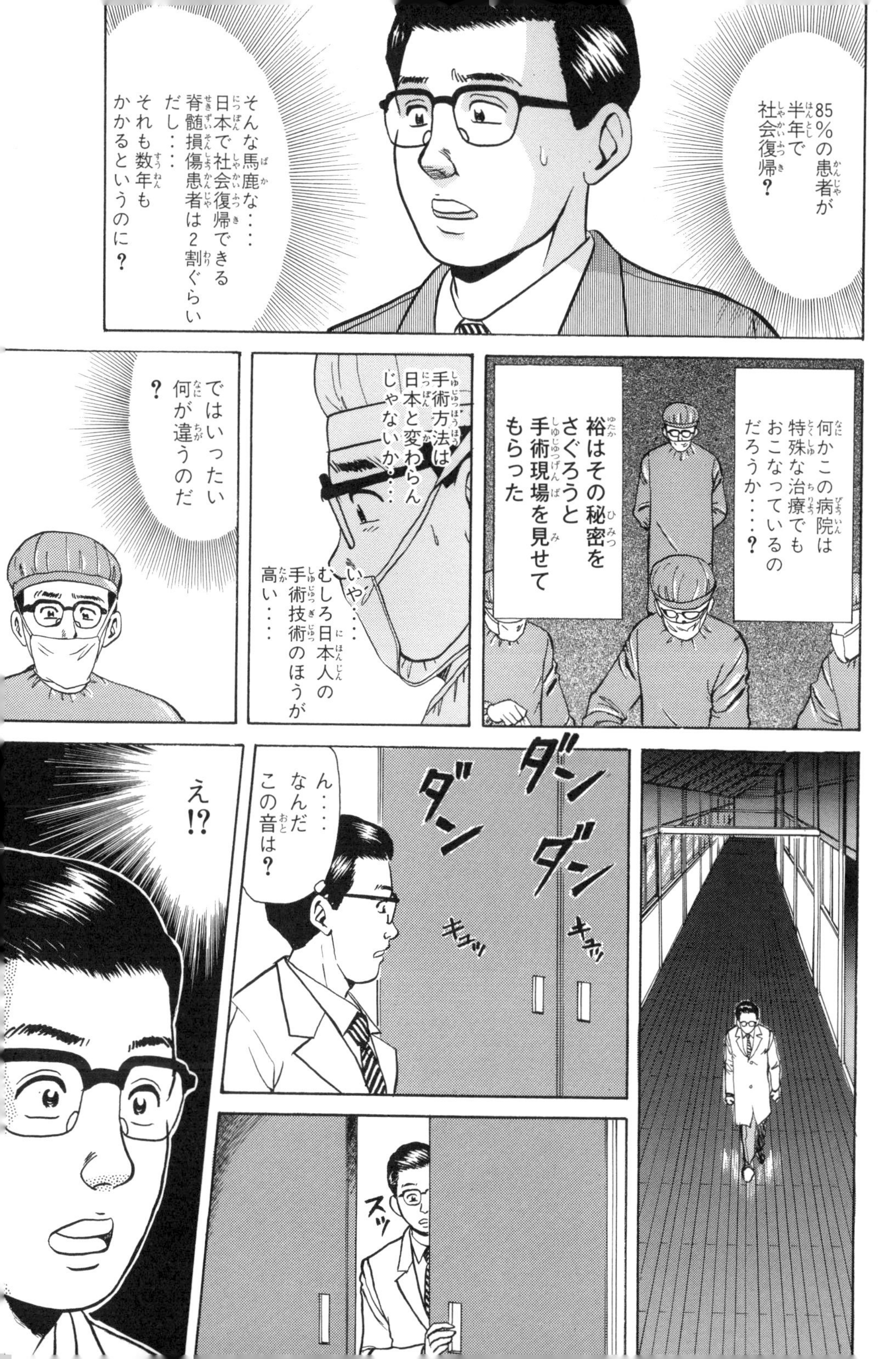
85%の患者《かんじゃ》が半年《はんとし》で社会復帰《しゃかいふっき》?
そんな馬鹿《ばか》な・・・日本《にっぽん》で社会復帰《しゃかいふっき》できる脊髄損傷患者《せきずいそんしょうかんじゃ》は2割《わり》ぐらいだし・・・それも数年《すうねん》もかかるというのに?
何《なに》かこの病院《びょういん》は特殊《とくしゅ》な治療《ちりょう》でもおこなっているのだろうか・・・?
裕《ゆたか》はその秘密《ひみつ》をさぐろうと手術現場《しゅじゅつげんば》を見《み》せてもらった
手術方法《しゅじゅつほうほう》は日本《にっぽん》と変《か》わらんじゃないか・・・
いや・・・むしろ日本人《にほんじん》の手術技術《しゅじゅつぎじゅつ》のほうが高《たか》い・・・
ではいったい何《なに》が違《ちが》うのだ?
ダン ダン
ダン ダン
キュッ
キュッ
ん・・・なんだこの音《おと》は?
スッ
え!?

ダッ
ダ
ダ
ダ
ヘイ パス パス
キュ キュ
ワアアアアア
イエーー
オーー ノーー
車《くるま》いすでバスケット……!?
ハッ

※リハビリテーション=病気《びょうき》や身体障《しんたいしょう》がいなどで社会生活《しゃかいせいかつ》から離《はな》れていた人《ひと》を社会復帰《しゃかいふっき》できるように回復《かいふく》させること。回復訓練《かいふくくんれん》。

し…しかし 日本《にっぽん》では とても考《かんが》えられ ません
いったいなぜ スポーツなんですか？
彼《かれ》らには 腕力《わんりょく》や全身《ぜんしん》の体力《たいりょく》を つけることが 必要《ひつよう》なのだよ
彼《かれ》らはこれからの人生《じんせい》の 長《なが》い時間《じかん》を 車《くるま》いすで生活《せいかつ》して いかなければならない
だから自分《じぶん》の行《い》きたい所《ところ》に 自分《じぶん》の力《ちから》で車《くるま》いすで 行《い》けるように ならなければならんのだ
自分《じぶん》の力《ちから》で！
そう そして スポーツを するのには
もうひとつ 大《おお》きな意味《いみ》が ある・・・
な・・ なんですか それは・・・・？
体《からだ》のリハビリ だけじゃなく
心《こころ》の リハビリだよ

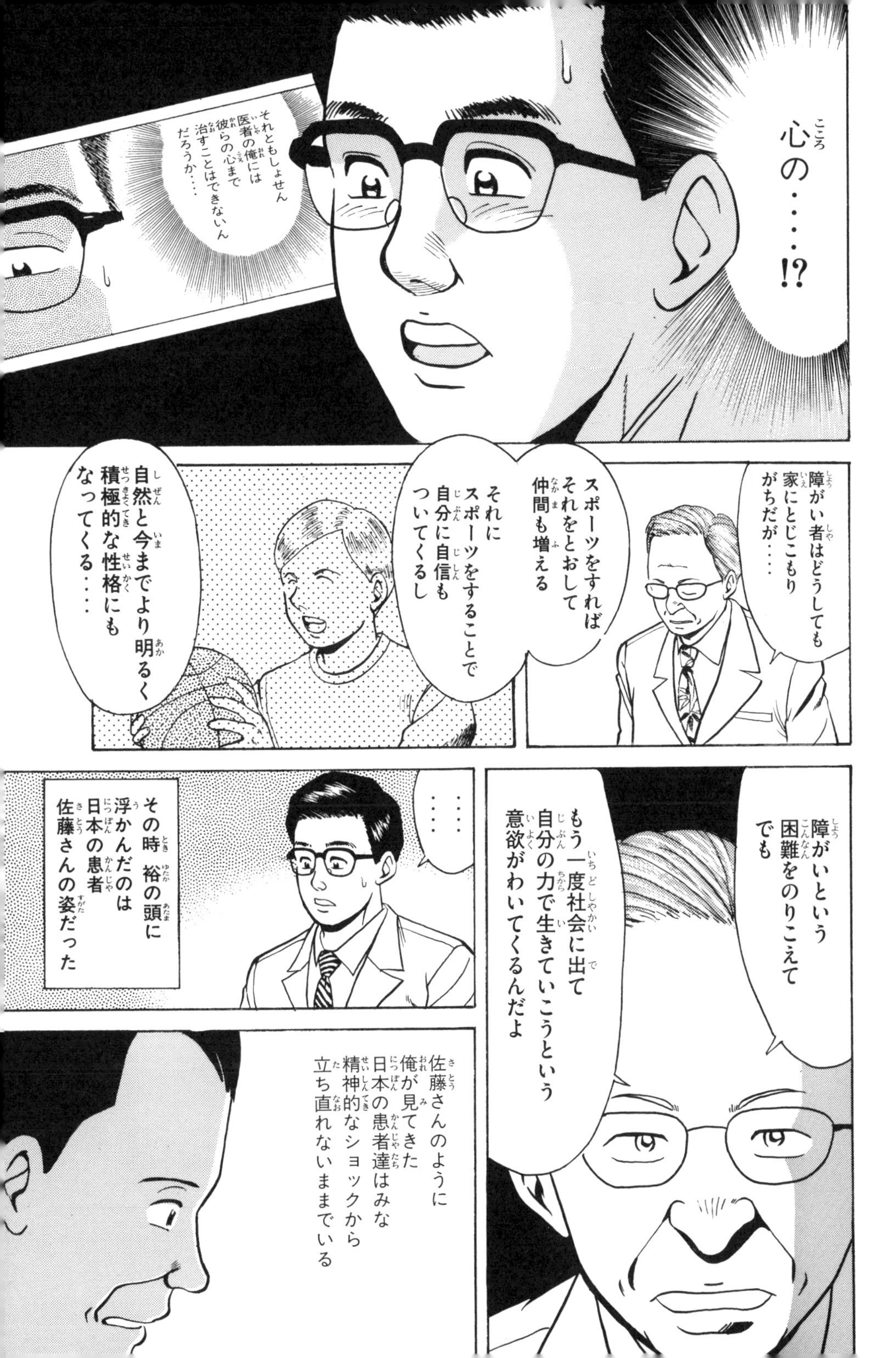
心《こころ》の・・・・!?
それともしょせん医者《いしゃ》の俺《おれ》には彼《かれ》らの心《こころ》まで治《なお》すことはできないんだろうか・・・・
障《しょう》がい者《しゃ》はどうしても家《いえ》にとじこもりがちだが・・・・
スポーツをすればそれをとおして仲間《なかま》も増《ふ》える
それにスポーツをすることで自分《じぶん》に自信《じしん》もついてくるし
自然《しぜん》と今《いま》までより明《あか》るく積極的《せっきょくてき》な性格《せいかく》にもなってくる・・・・
障《しょう》がいという困難《こんなん》をのりこえてでも
もう一度《いちど》社会《しゃかい》に出《で》て自分《じぶん》の力《ちから》で生《い》きていこうという意欲《いよく》がわいてくるんだよ
・・・・
その時《とき》 裕《ゆたか》の頭《あたま》に浮《う》かんだのは日本《にっぽん》の患者《かんじゃ》佐藤《さとう》さんの姿《すがた》だった
佐藤《さとう》さんのように俺《おれ》が見《み》てきた日本《にっぽん》の患者達《かんじゃたち》はみな精神的《せいしんてき》なショックから立《た》ち直《なお》れないままでいる

それにくらべ彼《かれ》らは
明《あか》るい表情《ひょうじょう》や
上半身《じょうはんしん》のたくましさも
何《なに》から何《なに》まで
日本《にっぽん》とはまるで違《ちが》う……
障《しょう》がいがあることに
変《か》わりはないのに……
グットマン博士《はかせ》!!
私《わたし》に障《しょう》がい者《しゃ》のスポーツのことをもっと教《おし》えて下《くだ》さい!!
日本《にっぽん》の障《しょう》がい者《しゃ》にもやらせてあげたい!!
心《こころ》の痛手《いたで》を治《なお》してあげたいのです!!
フン
本当《ほんとう》に君《きみ》にできるのかね……?
え……?
以前《いぜん》にも君《きみ》と同《おな》じようなことをいって帰《かえ》っていった日本人《にほんじん》が何人《なんにん》もいた
……

ところがどうだ
いまだに実行《じっこう》しているものは一人《ひとり》もいない
おそらく君《きみ》もその一人《ひとり》になると思《おも》うがね‥‥
どういう意味《いみ》だ‥‥？日本人《にほんじん》は口先《くちさき》だけの奴《やつ》らばかりだとでもいいたいのか‥‥？
それでも裕《ゆたか》はなんとか頼《たの》みこんで数《すう》か月《げつ》このセンターで学《まな》ぶことができ
大《おお》きな手《て》ごたえを感《かん》じて日本《にっぽん》に帰国《きこく》した
このやり方《かた》を日本《にっぽん》の障《しょう》がい者《しゃ》に教《おし》えてあげればかならずみんな元気《げんき》をとりもどしてくれるはずだ
しかし‥‥

スポーツですって!?
それは無茶《むちゃ》ですよ
せっかくよくなりかけた体《からだ》をまた悪《わる》くするようなものです!!
もし患者《かんじゃ》に何《なに》かあったら誰《だれ》が責任《せきにん》をとるんですか!?
だいたいそこまで私達《わたしたち》が面倒《めんどう》みる必要《ひつよう》があるとは思《おも》えませんね
我々《われわれ》医者《いしゃ》は患者《かんじゃ》の手術《しゅじゅつ》だけしてればいいんですよ
医師《いし》はほとんど反対《はんたい》か‥‥
患者《かんじゃ》のみんなはなんというだろうか‥‥
そうだ‥‥2か月前《げつまえ》に入院《にゅういん》してきた誠君《まことくん》は
入院《にゅういん》する前《まえ》までスポーツをしていたといってたな‥‥
309

……
彼《かれ》の名前《なまえ》は誠《まこと》(17)
彼《かれ》もまた脊髄損傷患者《せきずいそんしょうかんじゃ》で
下半身《かはんしん》が麻痺《まひ》していた
冗談《じょうだん》じゃない!!
うちの息子《むすこ》に
スポーツをやらせる
なんて何考《なにかんが》えてんだ!!
いいか……
この子《こ》はな
ラグビーの練習中《れんしゅうちゅう》に
首《くび》をいためて
こう
なっちまったんだよ
スポーツさえ
してなけりゃ
こんなことに
ならなかったんだよ
スポーツが
この子《こ》の人生《じんせい》を
めちゃくちゃに
したんじゃないか!!
……
たしかに以前《いぜん》は
この子《こ》も
スポーツ好《ず》きだった
でも今《いま》は
スポーツの記事《きじ》さえ
見《み》ようとしなくなったんだ
いやな思《おも》い出《で》を
必死《ひっし》に忘《わす》れようと
しているんだよ!!
それなのに
よくそんな
無神経《むしんけい》なことが
いえるもんだな!!

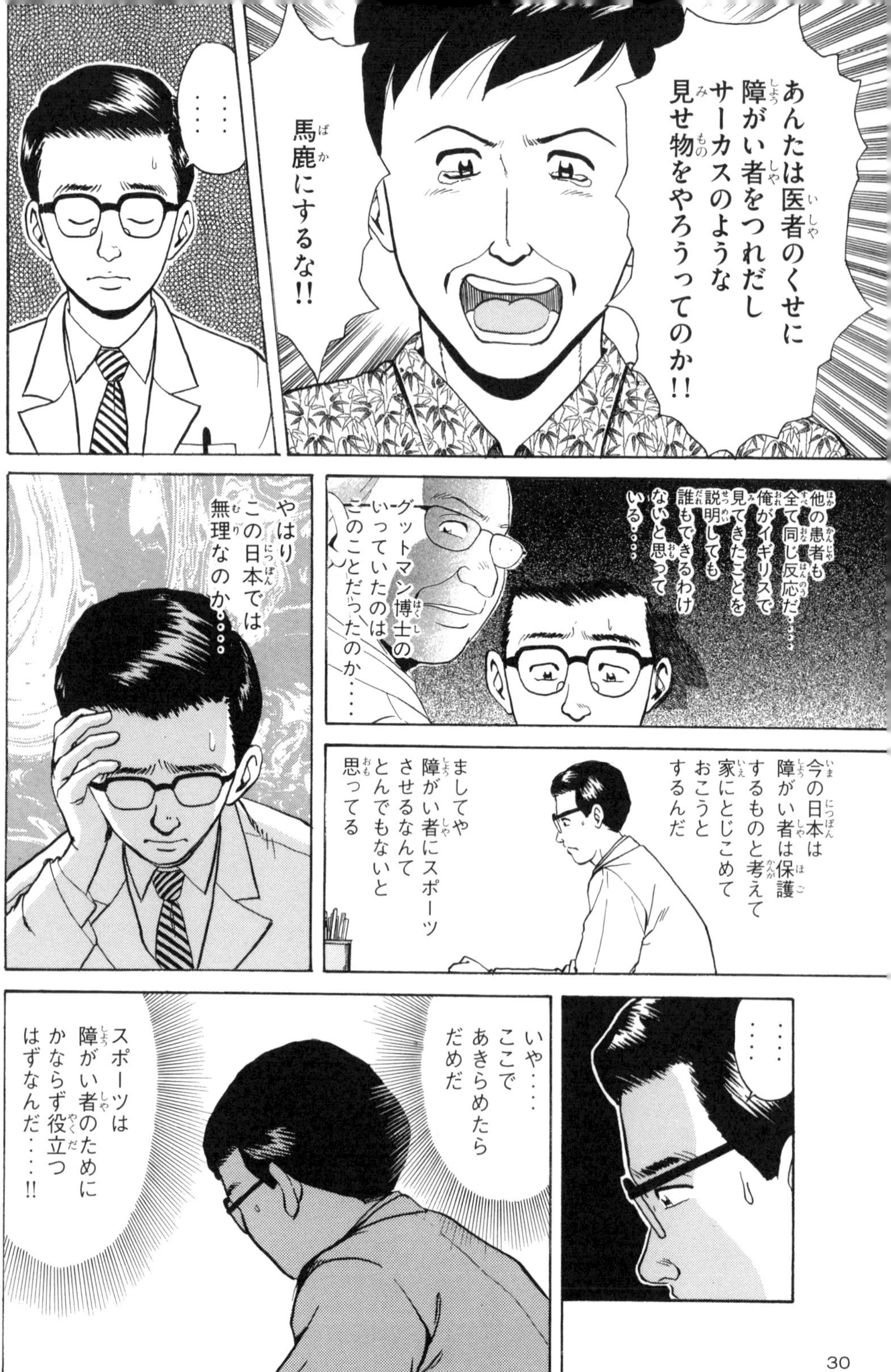
あんたは医者《いしゃ》のくせに障《しょう》がい者《しゃ》をつれだしサーカスのような見《み》せ物《もの》をやろうってのか!!
馬鹿《ばか》にするな!!
……
他《ほか》の患者《かんじゃ》も全《すべ》て同《おな》じ反応《はんのう》だ……俺《おれ》がイギリスで見《み》てきたことを説明《せつめい》しても誰《だれ》もできるわけないと思《おも》っている……
グットマン博士《はくし》のいっていたのはこのことだったのか……
今《いま》の日本《にっぽん》は障《しょう》がい者《しゃ》は保護《ほご》するものと考《かんが》えて家《いえ》にとじこめておこうとするんだ
ましてや障《しょう》がい者《しゃ》にスポーツさせるなんてとんでもないと思《おも》ってる
やはりこの日本《にっぽん》では無理《むり》なのか……
……
いや……ここであきらめたらだめだ
スポーツは障《しょう》がい者《しゃ》のためにかならず役立《やくだ》つはずなんだ……!!

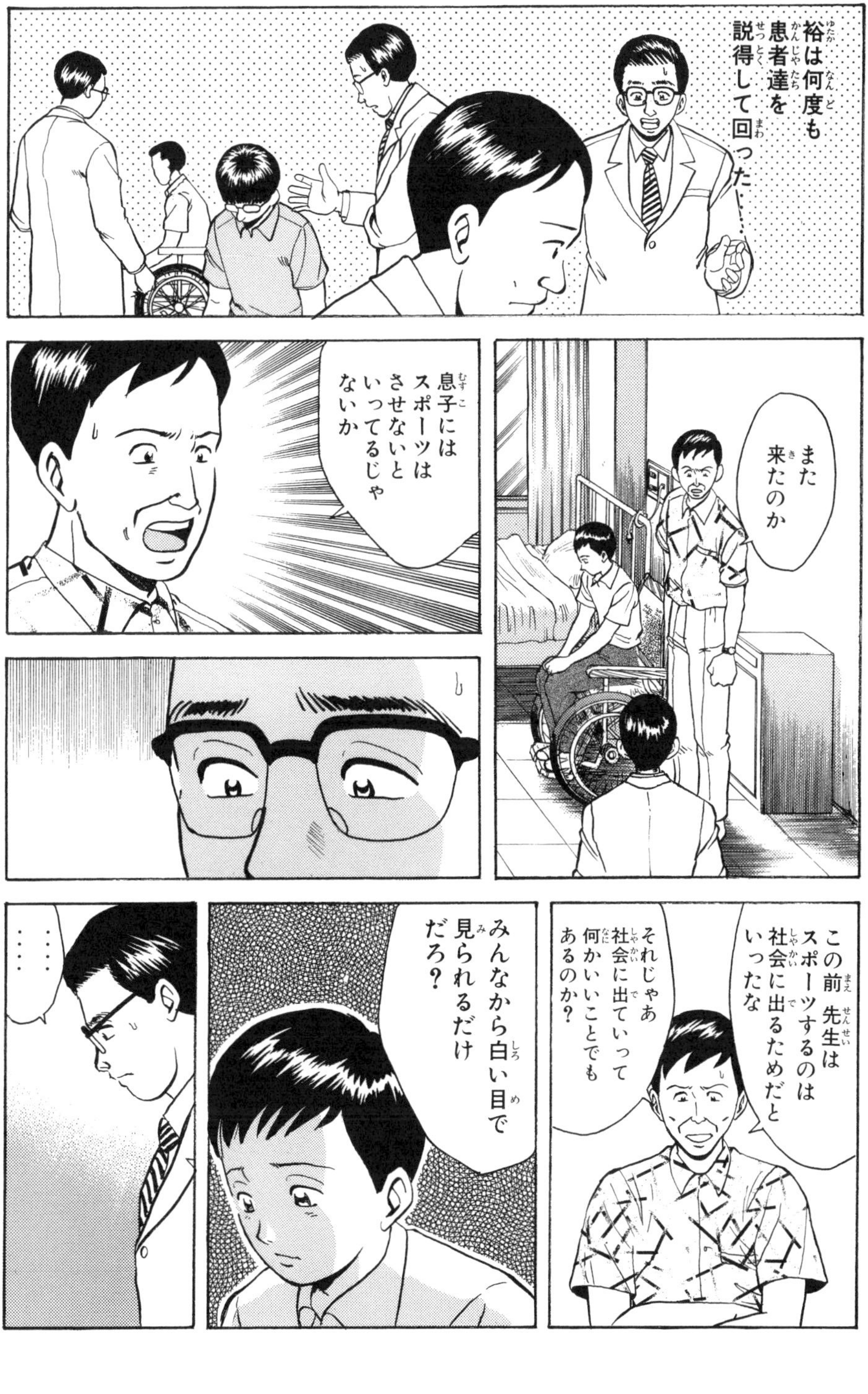
裕《ゆたか》は何度《なんど》も患者達《かんじゃたち》を説得《せっとく》して回《まわ》った……
また来《き》たのか
息子《むすこ》にはスポーツはさせないといってるじゃないか
この前《まえ》先生《せんせい》はスポーツするのは社会《しゃかい》に出るためだといったな
それじゃあ社会《しゃかい》に出《で》ていって何《なに》かいいことでもあるのか？
みんなから白《しろ》い目《め》で見《み》られるだけだろ？
……

たしかにお父《とう》さんのいうとおりです……
道《みち》は砂利《じゃり》だらけ無意味《むいみ》な段差《だんさ》に一人《ひとり》では登《のぼ》れない階段《かいだん》
障《しょう》がい者《しゃ》はたちまち先《さき》に進《すす》めなくなります
これで社会《しゃかい》へ出《で》ていけというのは酷《こく》かもしれない
障《しょう》がい者《しゃ》が外《そと》に出《で》て行動《こうどう》しやすいように町《まち》はつくられていないのですから
でも障《しょう》がいのあるこの子達《こたち》が町《まち》に出《で》ていかなければ誰《だれ》もそのことに気《き》づかないし変《か》えようともしないんです!!
健常者《けんじょうしゃ》と障《しょう》がい者《しゃ》が平等《びょうどう》に生《い》きていける社会《しゃかい》にするためにもこの子達《こたち》は家《いえ》の中《なか》ばかりにとじこもってちゃだめなんですよ!!
誠君《まことくん》も本当《ほんとう》はまたスポーツをやりたいだろ?
町《まち》に出《で》たいだろ?
いやな思《おも》い出《で》に目《め》をつむってばかりじゃだめだ!!
それに真正面《ましょうめん》からぶつかってのりこえなければいつまでたっても苦《くる》しいんだぞ

もう いいかげんに してくれ
この子《こ》を苦《くる》しめないでくれよ!!
父《とう》さん……
俺《おれ》やってみるよ……
誠《まこと》……
やっぱり俺《おれ》……スポーツが好《す》きなんだ!!
歩《ある》けなくてもスポーツをやりたいんだ
そうか やってくれるか
はい

二人《ふたり》での新《あら》たなる
挑戦《ちょうせん》が始《はじ》まった
それでも
訓練《くんれん》は毎日《まいにち》
続《つづ》いた
1960年代《ねんだい》の日本《にっぽん》の車《くるま》いすは
ほとんどが木製《もくせい》で
動《うご》きまわるのには
あまり適《てき》していなかった

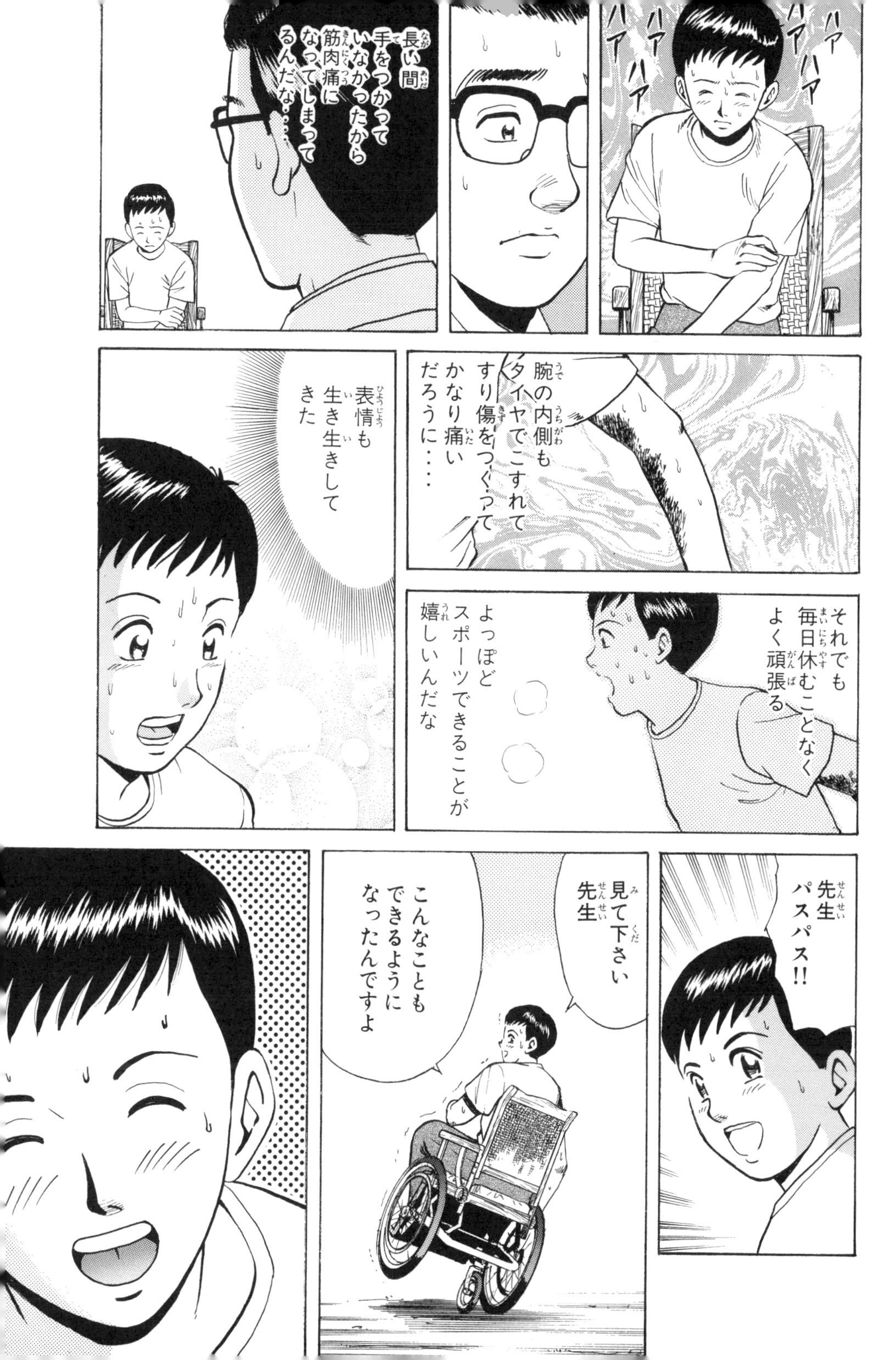
ハァ
ハァ ハァ
ハァ
ハァ
長《なが》い間《あいだ》手《て》をつかっていなかったから筋肉痛《きんにくつう》になってしまってるんだな・・・
腕《うで》の内側《うちがわ》もタイヤでこすれてすり傷《きず》をつくってかなり痛《いた》いだろうに・・・
表情《ひょうじょう》も生《い》き生《い》きしてきた
それでも毎日《まいにち》休《やす》むことなくよく頑張《がんば》る
よっぽどスポーツできることが嬉《うれ》しいんだな
先生《せんせい》パスパス!!
見《み》て下《くだ》さい先生《せんせい》
こんなこともできるようになったんですよ

そして誠《まこと》の退院《たいいん》の日《ひ》がやってきた
退院《たいいん》してもバスケット続《つづ》けるんだぞ
はい
・・・・・・
元気《げんき》でな
さようなら先生《せんせい》・・・・
誠君《まことくん》のお父《とう》さんはまだ誠君《まことくん》がスポーツすることを喜《よろこ》んでいないみたいだな・・・
あの顔《かお》を見《み》ればわかる
家《いえ》に戻《もど》ったらスポーツをやめてしまうかもしれんな・・・・
なかなかみんなの理解《りかい》をえて車《くるま》いすのスポーツを広《ひろ》めていくのは難《むずか》しいもんだ・・・・

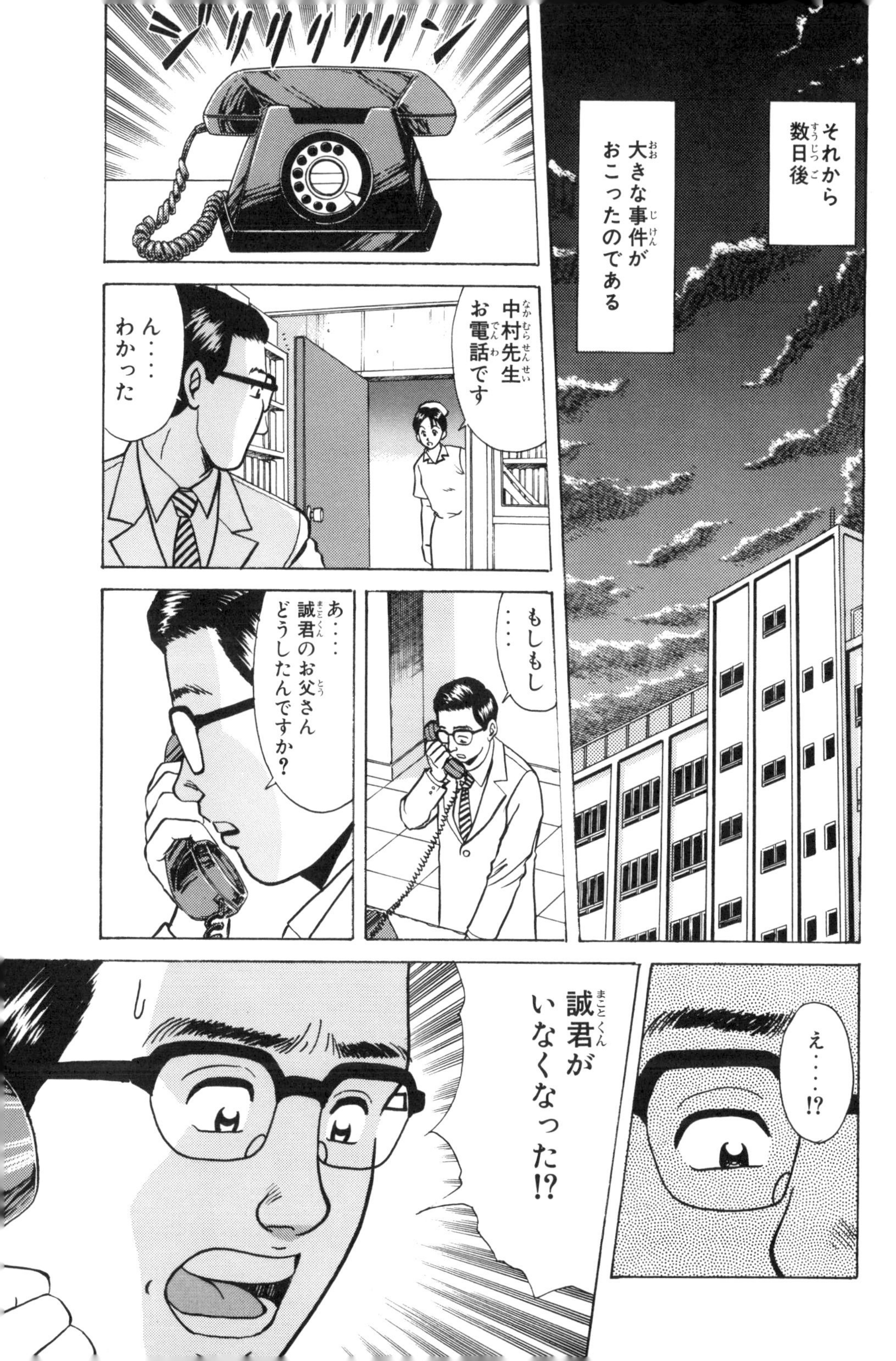
それから
数日後《すうじつご》
大《おお》きな事件《じけん》が
おこったのである
ジリリリリリリーン
中村先生《なかむらせんせい》
お電話《でんわ》です
ん……
わかった
もしもし
……
あ……
誠君《まことくん》のお父《とう》さん
どうしたんですか?
え……!?
誠君《まことくん》が
いなくなった!?

出《で》かけたきり 半日《はんにち》以上《いじょう》も 帰《かえ》ってこんのだ
もし 何《なに》かあったら 先生《せんせい》のせいですぞ!!
先生《せんせい》が町《まち》に出《で》ろなんて いうからだ!!
……
事故《じこ》か あるいは何《なに》かの 障害物《しょうがいぶつ》で 動《うご》けなくなっとるの かもしれん….
ダッ
あっ先生《せんせい》 どこ行《い》くんですか!?
ハァ
ハァ
ハァ

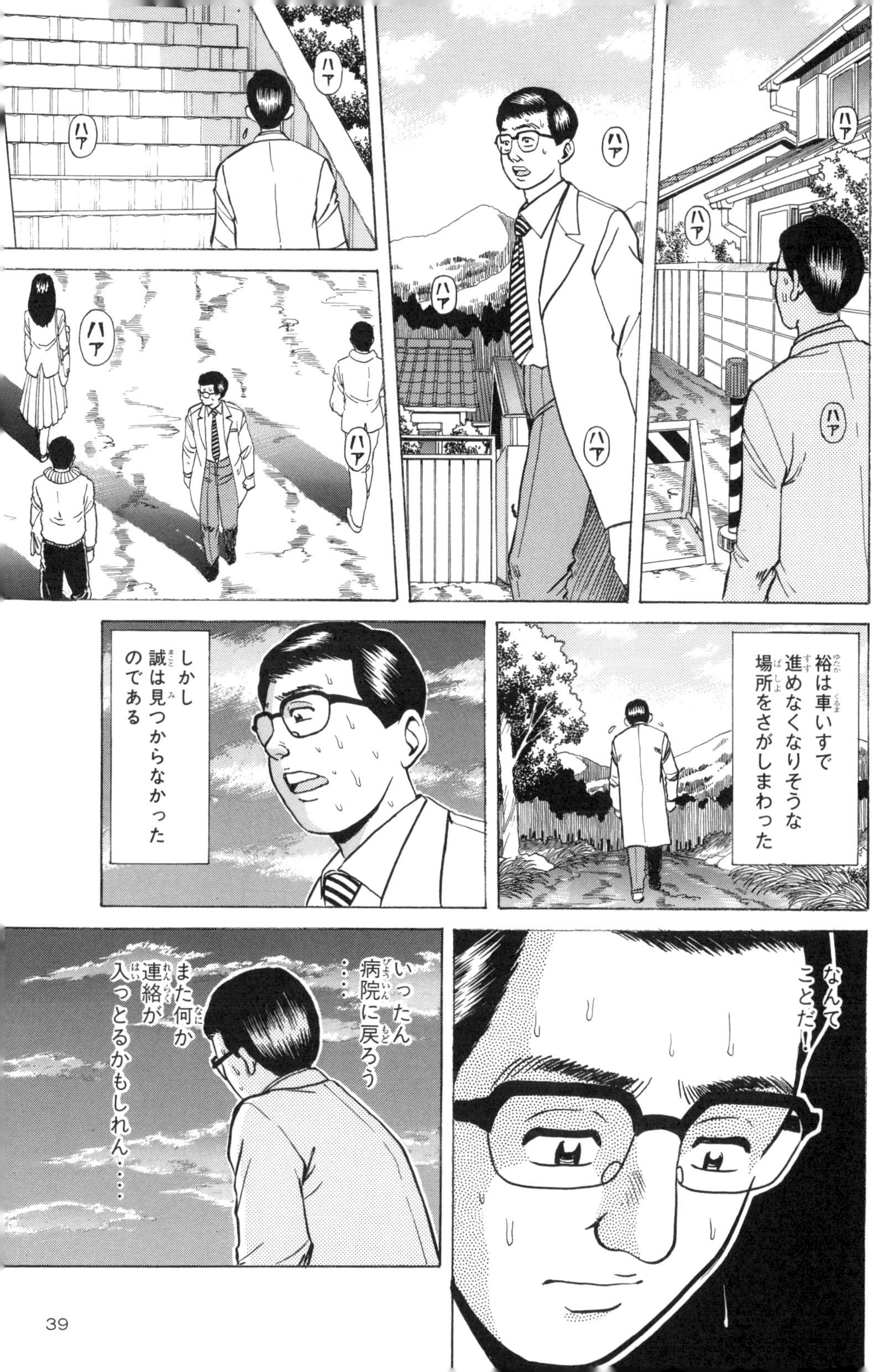
ハア
ハア
ハア
ハア
ハア
ハア
ハア
ハア
ハア
ハア
裕《ゆたか》は車《くるま》いすで進《すす》めなくなりそうな場所《ばしょ》をさがしまわった
しかし誠《まこと》は見《み》つからなかったのである
なんてことだ!
いったん病院《びょういん》に戻《もど》ろう・・・・
また何《なに》か連絡《れんらく》が入《はい》っとるかもしれん・・・・

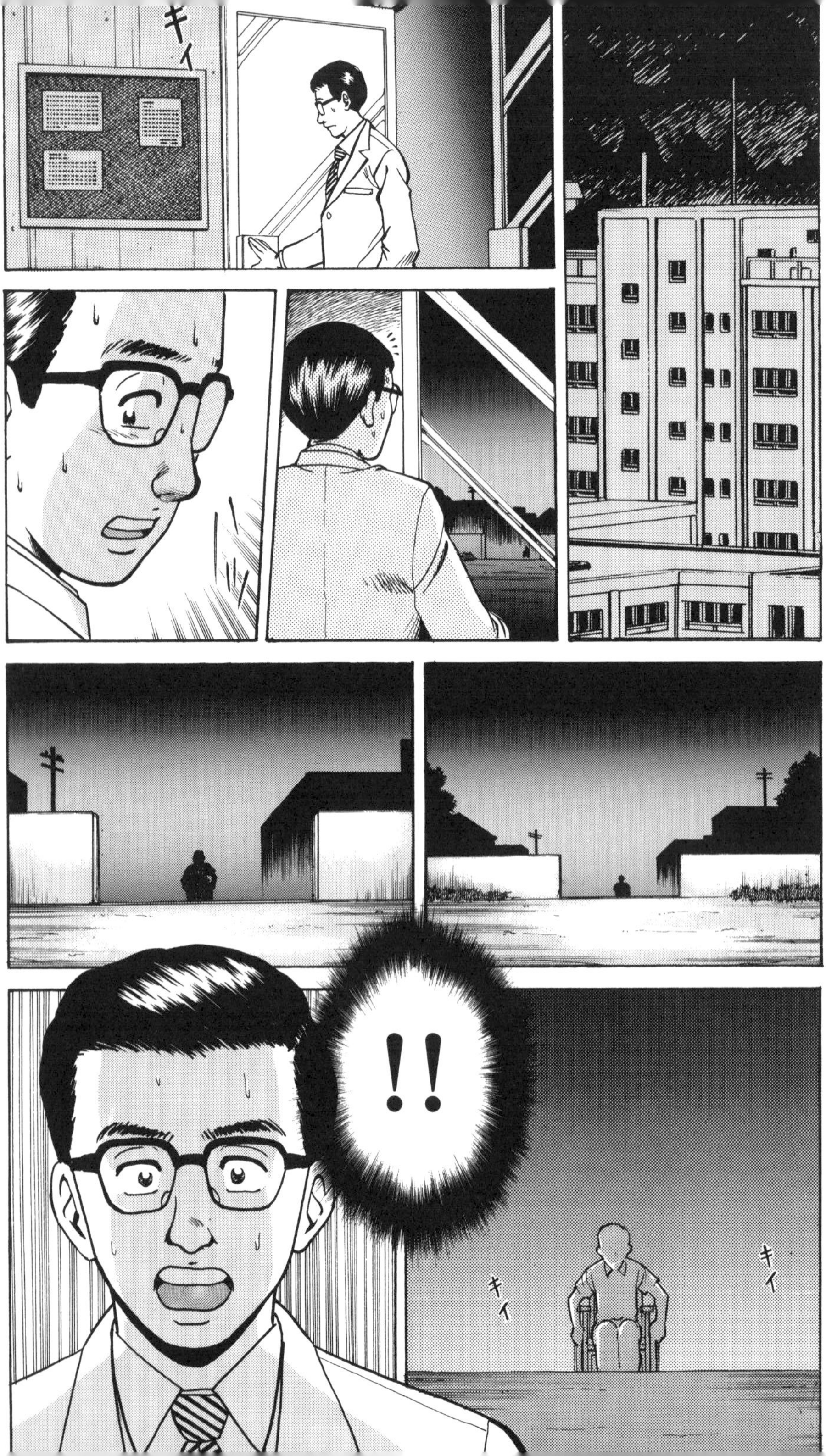
キィ
!!
キィ
キィ

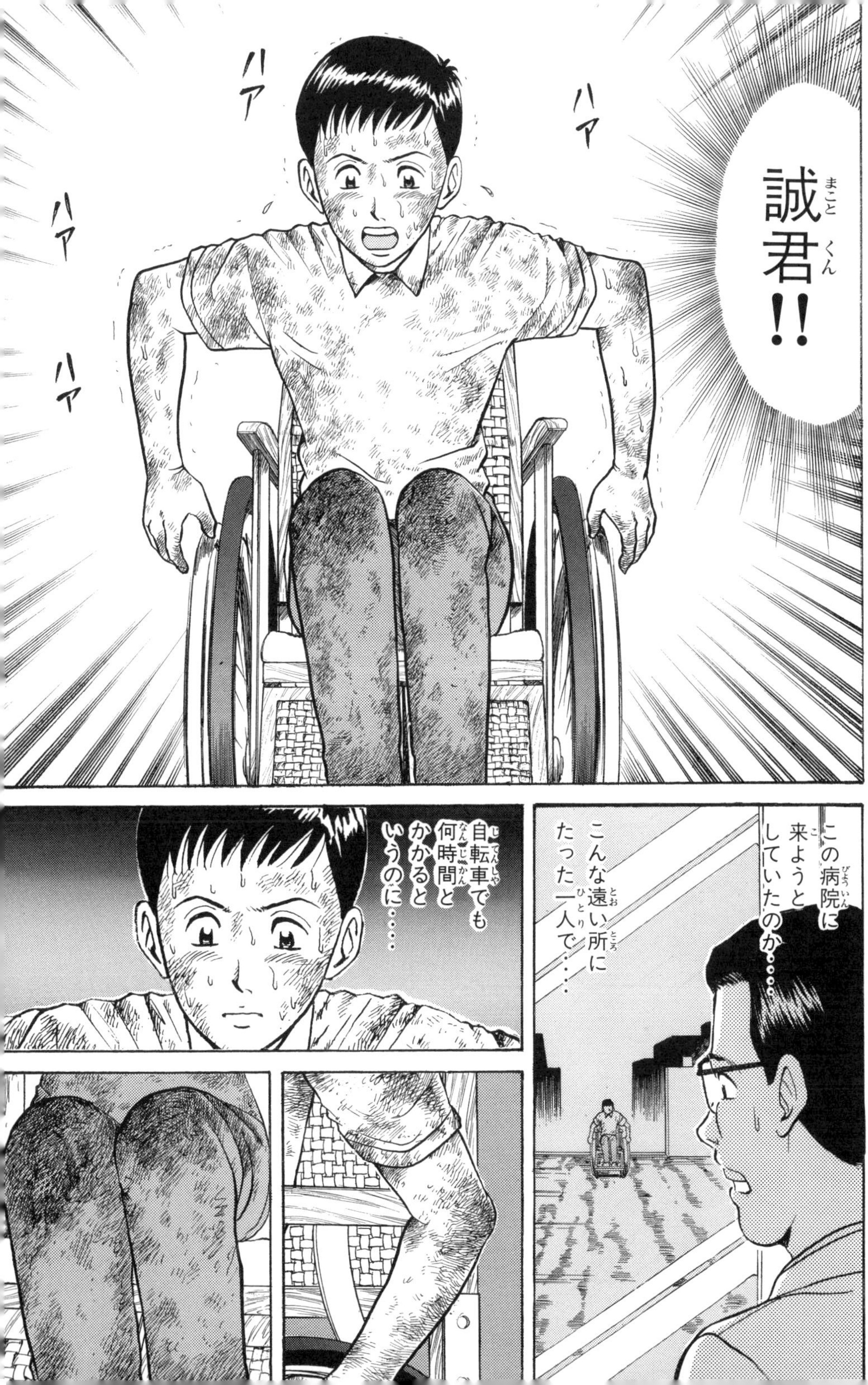
誠《まこと》君《くん》!!
ハア
ハア
ハア
ハア
この病院《びょういん》に来《こ》ようとしていたのか……
こんな遠《とお》い所《ところ》にたった一人《ひとり》で……
自転車《じてんしゃ》でも何時間《なんじかん》とかかるというのに……

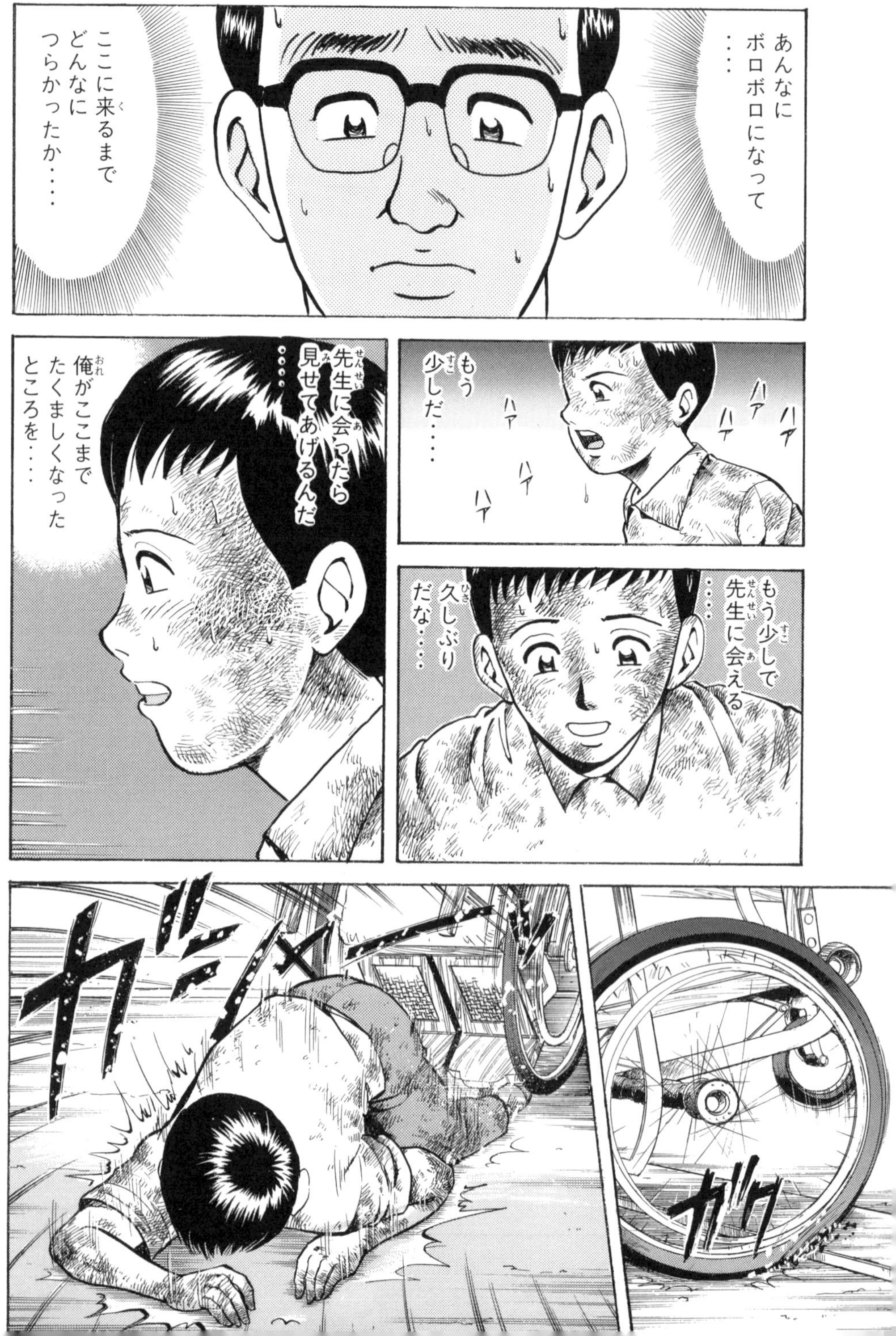
あんなに
ボロボロになって
・・・
ここに来《く》るまで
どんなに
つらかったか・・・・
ハァ
ハァ
ハァ
ハァ
ハァ
もう
少《すこ》しだ・・・・
もう少《すこ》しで
先生《せんせい》に会《あ》える
・・・
久《ひさ》しぶり
だな・・・・
先生《せんせい》に会《あ》ったら
見《み》せてあげるんだ
・・・・
俺《おれ》がここまで
たくましくなった
ところを・・・・
ガシャ
ガク

誠君《まことくん》!!
ハァ
ハァ
ハァ
ハァ
ハァ
ハァ
ハァ
先生《せんせい》・・・・
大丈夫《だいじょうぶ》か!?
さあ
つかまれ!!
いいんです
先生《せんせい》・・・・
え・・・・
グッ

見《み》てて下《くだ》さい・・・・
俺《おれ》・・こんなことまでできるようになったんです・・・・
ガシャッ
俺《おれ》・・家《いえ》に帰《かえ》っても練習《れんしゅう》続《つづ》けてたんですよ・・・・
ハァ
ハァ
ハァ
ハァ
ん~~~
・・・・・・
ハァ
ハァ
ハァ

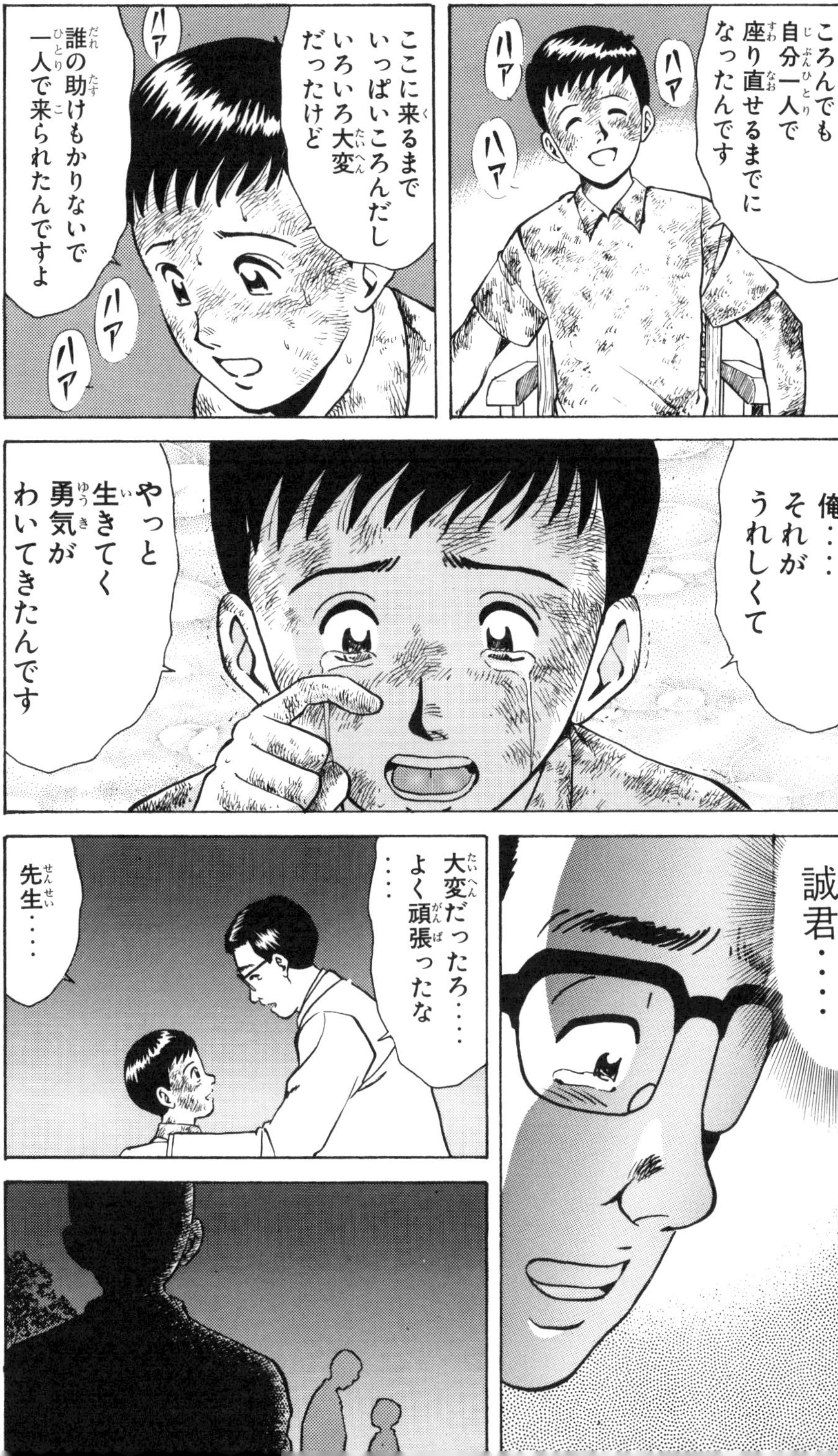
ね・・・・
ころんでも
自分一人《じぶんひとり》で
座《すわ》り直《なお》せるまでに
なったんです
ハア
ハア
ここに来《く》るまで
いっぱいころんだし
いろいろ大変《たいへん》
だったけど
ハア
誰《だれ》の助《たす》けもかりないで
一人《ひとり》で来《こ》られたんですよ
ハア
ハア
俺《おれ》・・・・
それが
うれしくて
やっと
生《い》きてく
勇気《ゆうき》が
わいてきたんです
誠君《まことくん》・・・・
大変《たいへん》だったろ・・・・
よく頑張《がんば》ったな
・・・・
先生《せんせい》・・・・

……
お父《とう》さん……
もしかしたらここじゃないかと思《おも》ってな……
……全部《ぜんぶ》見《み》せてもらったよ……
お前《まえ》もたくましくなったもんだな
父《とう》さんうれしいよ
先生《せんせい》すまんかった
息子《むすこ》がこんなになれたのも先生《せんせい》のおかげなのにわしひどいこといってしまって……
わしがまちがってました
これからはこの子《こ》にどんどんスポーツをやらせます

ありがとうございます
家族《かぞく》が理解《りかい》してくれることがこの子《こ》にとって一番《いちばん》の力《ちから》となるんですよ
誠《まこと》の頑張《がんば》りは他《ほか》の病室《びょうしつ》の患者達《かんじゃたち》にも刺激《しげき》をあたえた
そして誠《まこと》の他《ほか》にもこの病院《びょういん》でスポーツをやるものが増《ふ》えていったのである
そして誠達《まことたち》は思《おも》った
以前《いぜん》の自分達《じぶんたち》のように家《いえ》や病室《びょうしつ》にとじこもり苦《くる》しんでいる日本中《にっぽんじゅう》の障《しょう》がい者達《しゃたち》にもこのスポーツの素晴《すば》らしさを教《おし》えてあげたいと‥‥
そこで裕《ゆたか》はまず大分県《おおいたけん》で日本初《にっぽんはつ》の身障者《しんしょうしゃ》スポーツ大会《たいかい》を開催《かいさい》したが
この大会《たいかい》は参加者《さんかしゃ》も観衆《かんしゅう》も少《すく》なく報道《ほうどう》もされなかったのである
どうすれば日本中《にっぽんじゅう》に障《しょう》がい者《しゃ》スポーツの輪《わ》を広《ひろ》げていくことができるだろうか‥‥
そんな時《とき》‥‥

先生《せんせい》!! 外国《がいこく》に行《い》って 国際大会《こくさいたいかい》に参加《さんか》しましょうよ!!
え・・・・
先生《せんせい》 前《まえ》に話《はな》してくれたじゃないですか
外国《がいこく》では障《しょう》がい者《しゃ》スポーツの国際大会《こくさいたいかい》をやってるんだって!!
そうだ それいいよ 先生《せんせい》!!
こんな地方《ちほう》の大会《たいかい》じゃ誰《だれ》も注目《ちゅうもく》してくれないけど 国際大会《こくさいたいかい》ならマスコミも注目《ちゅうもく》して日本中《にっぽんじゅう》に知《し》れわたりますよ!!
俺達《おれたち》のスポーツやってる姿《すがた》を見《み》てもらえれば 自信《じしん》をなくして落《お》ちこんでいる日本中《にっぽんじゅう》の障《しょう》がい者達《しゃたち》が元気《げんき》をとりもどしてくれるな!!
よし 外国《がいこく》に行《い》こう 世界大会《せかいたいかい》に日本人《にほんじん》として初参加《はつさんか》しようじゃないか!!
そうか 世界大会《せかいたいかい》か・・・・ それはいいかもしれんな・・・

・・・・
でも先生《せんせい》
俺達《おれたち》 障《しょう》がい者《しゃ》が 簡単《かんたん》に外国旅行《がいこくりょこう》なんて できるのかな・・・・？
そんな心配《しんぱい》は しないでいい
全部《ぜんぶ》 俺《おれ》にまかせて 君《きみ》らは練習《れんしゅう》に はげんでくれ!!
しかしそれは 簡単《かんたん》な道《みち》のりでは なかった・・・・
なぜなら 当時《とうじ》 莫大《ばくだい》な費用《ひよう》の かかる外国《がいこく》へ行《い》けるのは ほんの一握《ひとにぎ》りの人達《ひとたち》 だけだったからである
収入《しゅうにゅう》のない彼《かれ》らに 費用《ひよう》を負担《ふたん》させる わけにはいかん・・・・
俺《おれ》が なんとかしなくては・・・・
障《しょう》がい者《しゃ》の彼《かれ》らを 外国《がいこく》に連《つ》れていって やりたいのです!!
かならずお金《かね》は 働《はたら》いて返《かえ》しますから!!

うちではそんなお金《かね》かせませんねえ
帰《かえ》って下《くだ》さい仕事《しごと》の邪魔《じゃま》ですから!!
おい聞《き》いたか・・・・?
ああ・・・・
先生《せんせい》が苦戦《くせん》してるらしい・・・・
どこもお金《かね》をかしてくれなくて旅行費用《りょこうひよう》が足《た》りないらしいんだ・・・・
・・・・たしかに2、3人《にん》行くだけでもえらく金《かね》かかるもんな
だれも協力《きょうりょく》してくれないとなると・・・・
やっぱりだめなのかな・・・・
・・・・・・・・

ガラッ
!!
みんなっ おまちどお!!
え?
外国《がいこく》に行《い》ける旅費《りょひ》がやっと集《あつ》まったんだよ!!
ほ・・本当《ほんとう》ですか・・・・
ああ・・・・二人分《ふたりぶん》だけだがな・・・・

でも
よくお金《かね》が
集《あつ》まりましたね
どこもかして
くれないって
聞《き》いてたのに……
う・・
うん
まあな……
先生《せんせい》!!
……
……
俺《おれ》知《し》って
るんだ……
先生《せんせい》は
旅費《りよひ》を作《つく》るために
自分《じぶん》の車《くるま》を売《う》っちゃったん
だろ？

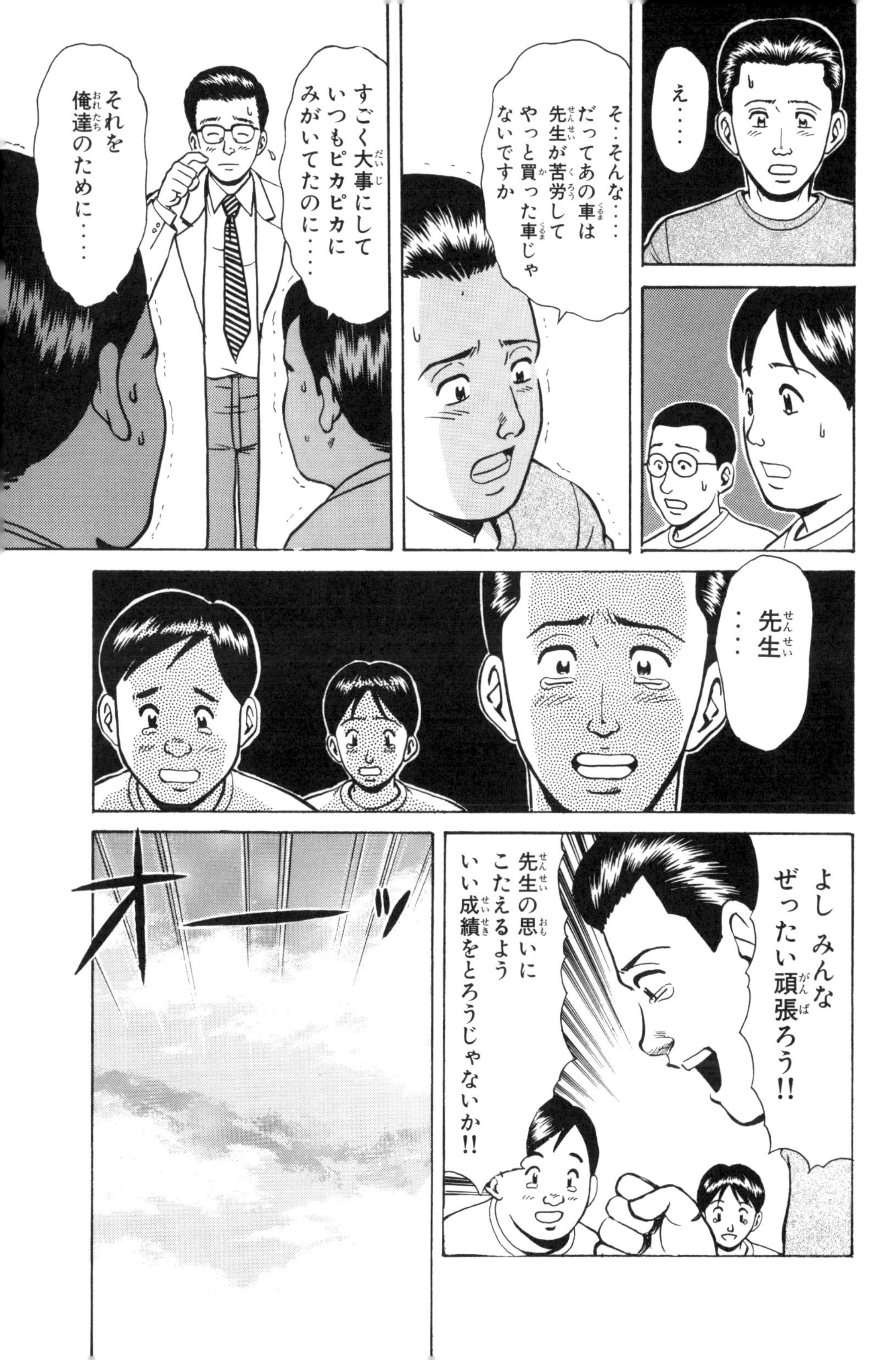

え・・・・
そ…そんな・・・・
だってあの車《くるま》は
先生《せんせい》が苦労《くろう》して
やっと買《か》った車《くるま》じゃ
ないですか
すごく大事《だいじ》にして
いつもピカピカに
みがいてたのに・・・・
それを
俺達《おれたち》のために・・・・
・・・・先生《せんせい》
よし みんな
ぜったい頑張《がんば》ろう!!
先生《せんせい》の思《おも》いに
こたえるよう
いい成績《せいせき》をとろうじゃないか!!
オーッ

彼《かれ》らの練習《れんしゅう》に
なおいっそうの
熱《ねつ》がこもった
そして
出発《しゅっぱつ》を前《まえ》に
二名《めい》の選手《せんしゅ》が
選《えら》ばれた
伊藤工《いとうたくみ》(37)
吉田勝也《よしだかつや》(27)
吉田《よしだ》さん 伊藤《いとう》さん 俺《おれ》は行《い》くこと できないけど
日本《にっぽん》で かげながら 応援《おうえん》します!!
吉田《よしだ》さん達《たち》なら 必《かなら》ずいい成績《せいせき》が とれると信《しん》じて ますから!!
どうか 頑張《がんば》って下《くだ》さい!!

ああ まかせといて くれ!!
1962年《ねん》 7月《がつ》25日《にち》 イギリス
第《だい》11回《かい》 ※国際《こくさい》ストーク・マンデビル競技大会《きょうぎたいかい》は 開催《かいさい》された
FRANCE
MANDEVILLE
参加《さんか》20か国《こく》 選手《せんしゅ》319名《めい》
裕《ゆたか》ひきいる 日本選手《にっぽんせんしゅ》2名《めい》は アジアの国《くに》では 初《はつ》の参加《さんか》となった
卓球《たっきゅう》では 伊藤《いとう》 吉田《よしだ》は おしくも敗《やぶ》れ
残《のこ》すはもう一種目《しゅもく》 吉田《よしだ》の出場《しゅつじょう》する 水泳競技《すいえいきょうぎ》のみとなった
ザワ
ザワ

※国際《こくさい》ストーク・マンデビル競技大会《きょうぎたいかい》＝グットマン博士《はくし》が開《ひら》いた障《しょう》がい者《しゃ》のためのスポーツ大会《たいかい》。ストーク・マンデビルは開催地《かいさいち》の名前《なまえ》。

これが最後《さいご》の種目《しゅもく》か・・・・・
先生《せんせい》見《み》てて下《くだ》さい
誠君達《まことくんたち》も応援《おうえん》してくれ・・・・・
俺《おれ》
頑張《がんば》るから・・・・・
レディ
ワァー
足《あし》が麻痺《まひ》している彼《かれ》らは
腕《うで》の力《ちから》だけで
必死《ひっし》に泳《およ》いだ
バシャ
バシャ
頑張《がんば》れ──!!

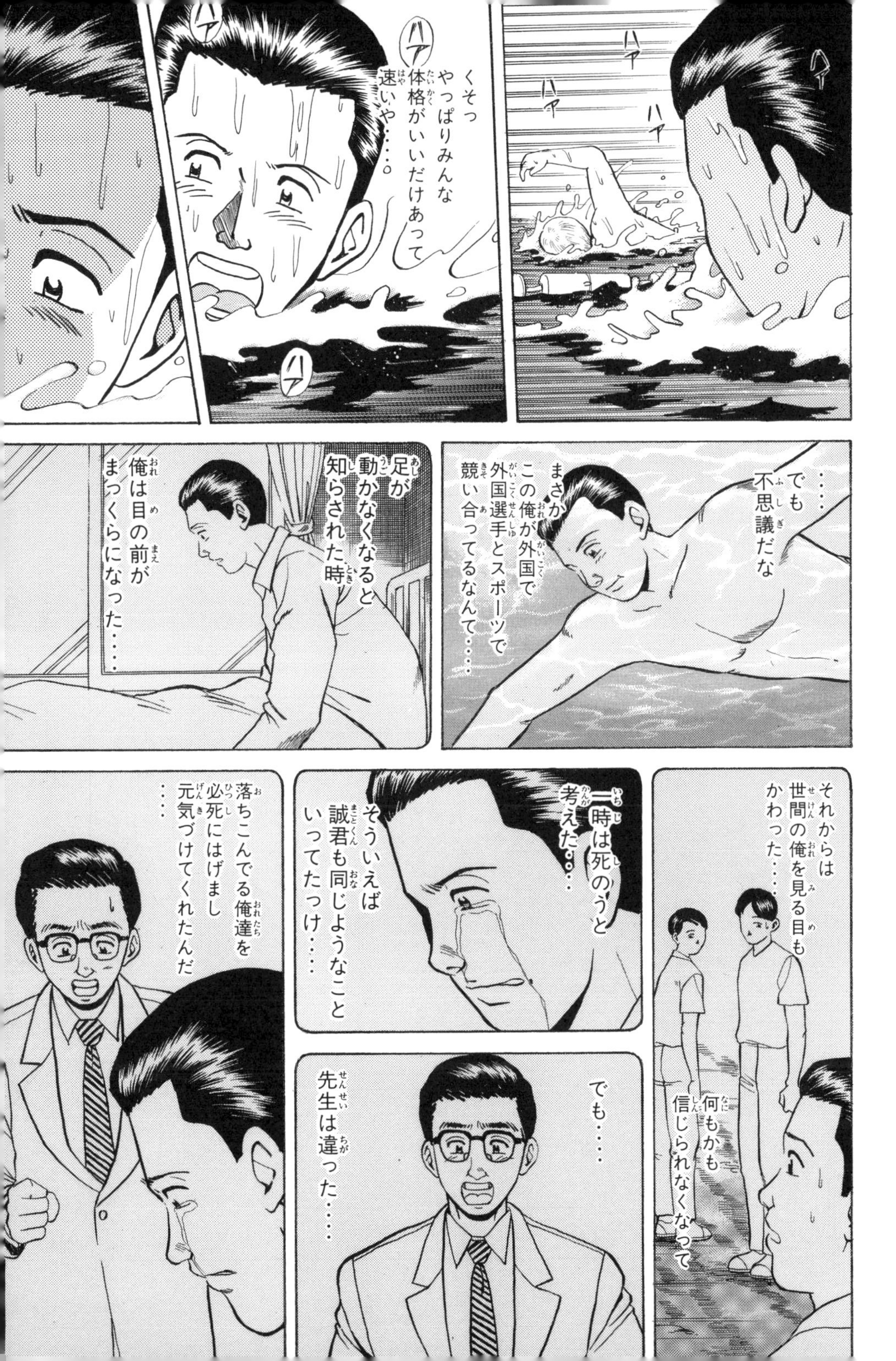
ハァ
ハァ
ハァ
ハァ
ハァ
ハァ
ハァ
くそっ
やっぱりみんな
体格《たいかく》がいいだけあって
速《はや》いや…。
…でも
不思議《ふしぎ》だな
まさか
この俺《おれ》が外国《がいこく》で
外国選手《がいこくせんしゅ》とスポーツで
競《きそ》い合《あ》ってるなんて….
足《あし》が
動《うご》かなくなると
知《し》らされた時《とき》
俺《おれ》は目《め》の前《まえ》が
まっくらになった….
それからは
世間《せけん》の俺《おれ》を見《み》る目《め》も
かわった….
何《なに》もかも
信《しん》じられなくなって
一時《いちじ》は死《し》のうと
考《かんが》えた…
そういえば
誠君《まことくん》も同《おな》じようなこと
いってたっけ….
でも….
先生《せんせい》は違《ちが》った….
落《お》ちこんでる俺達《おれたち》を
必死《ひっし》にはげまし
元気《げんき》づけてくれたんだ
…

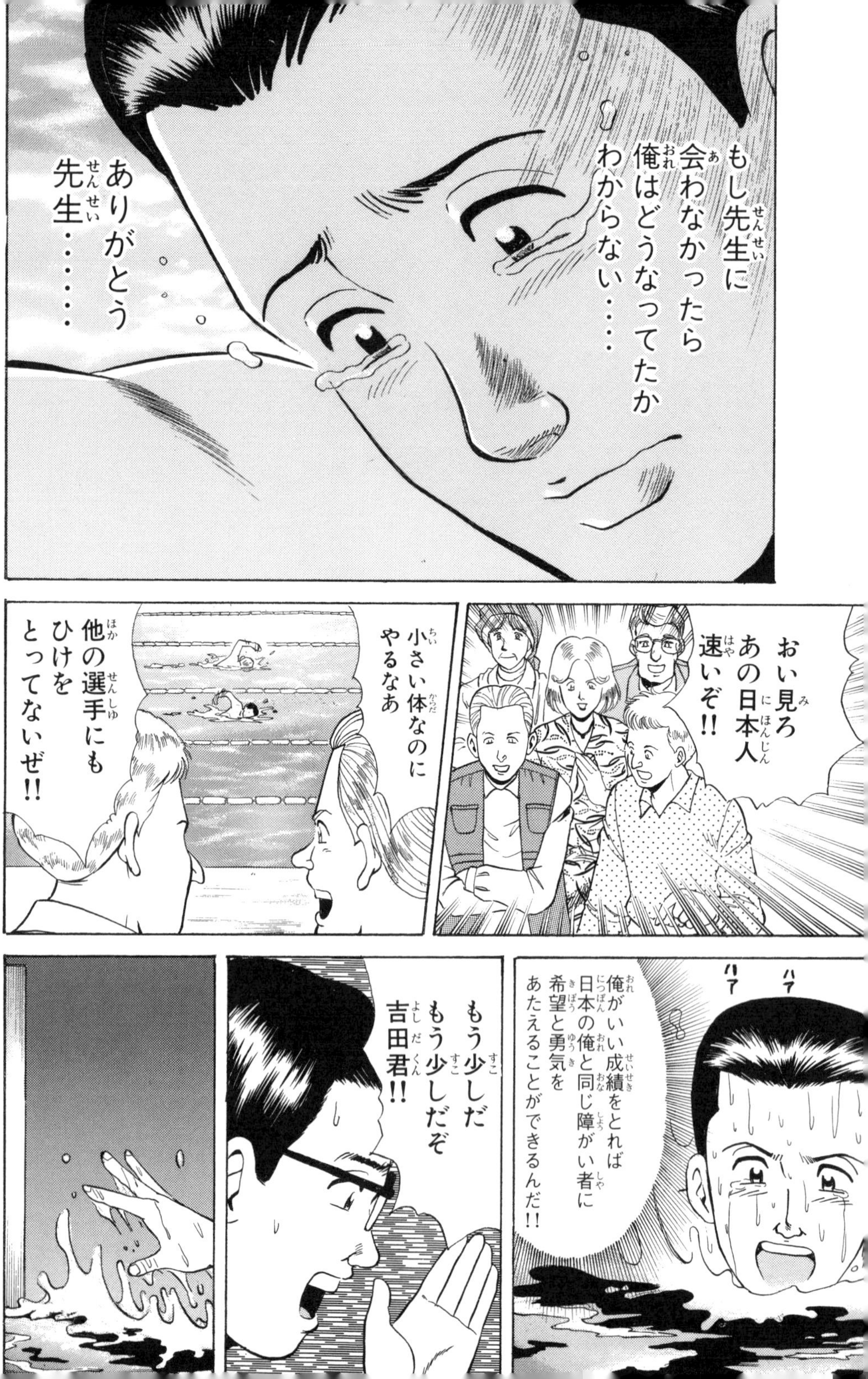
もし先生《せんせい》に
会《あ》わなかったら
俺《おれ》はどうなってたか
わからない‥‥
ありがとう
先生《せんせい》‥‥‥
おい見《み》ろ
あの日本人《にほんじん》
速《はや》いぞ!!
小《ちい》さい体《からだ》なのに
やるなあ
他《ほか》の選手《せんしゅ》にも
ひけを
とってないぜ!!
ハァ
ハァ
俺《おれ》がいい成績《せいせき》をとれば
日本《にっぽん》の俺《おれ》と同《おな》じ障《しょう》がい者《しゃ》に
希望《きぼう》と勇気《ゆうき》を
あたえることができるんだ!!
もう少《すこ》しだ
もう少《すこ》しだぞ
吉田君《よしだくん》!!

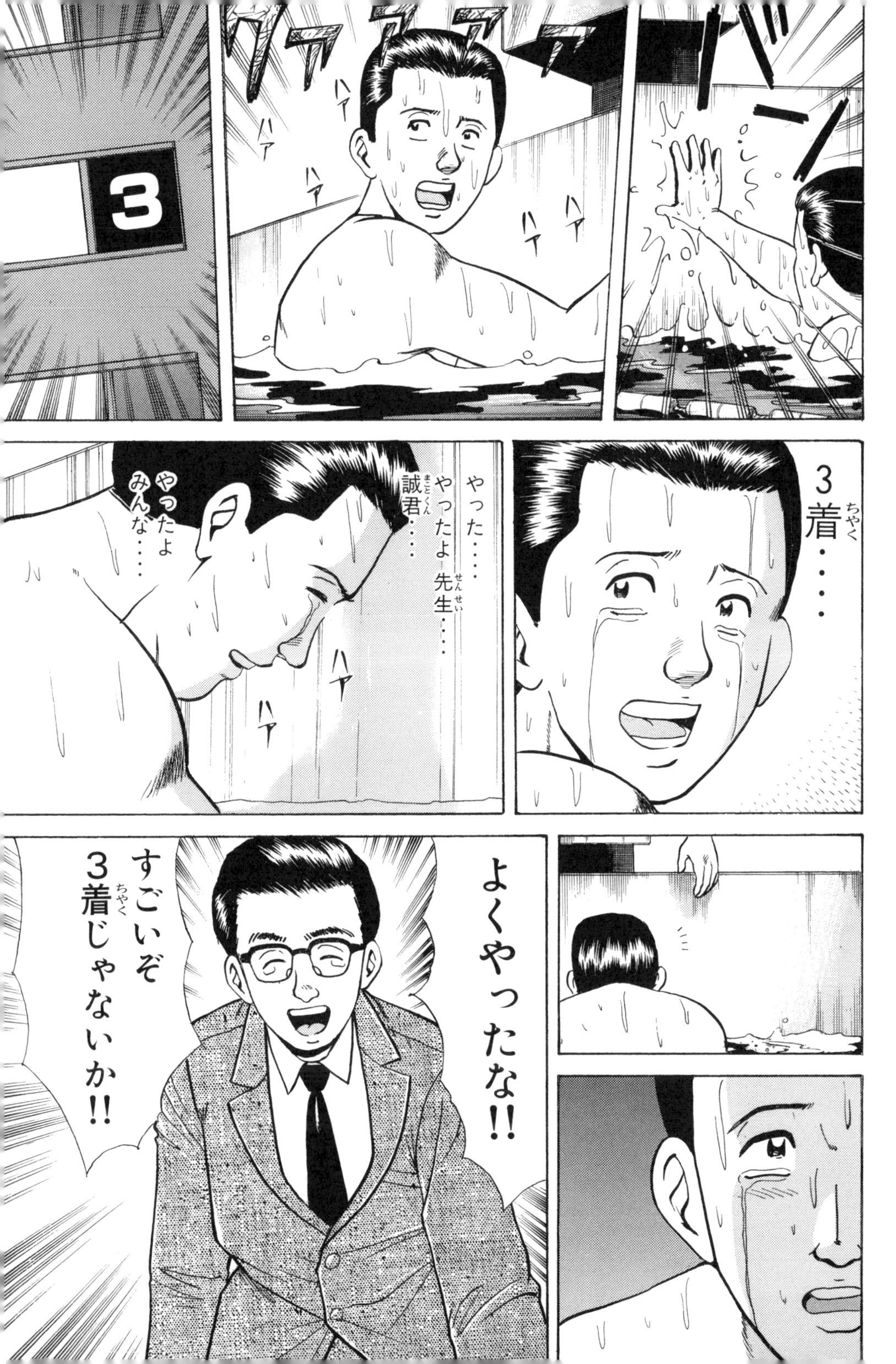
ハァ ハァ ハァ ハァ
3着《ちゃく》・・・・
やった・・・・
やったよ 先生《せんせい》・・・・
誠君《まことくん》・・・・
やったよ
みんな・・・・
ハァ ハァ
よくやったな!!
すごいぞ
3着《ちゃく》じゃないか!!

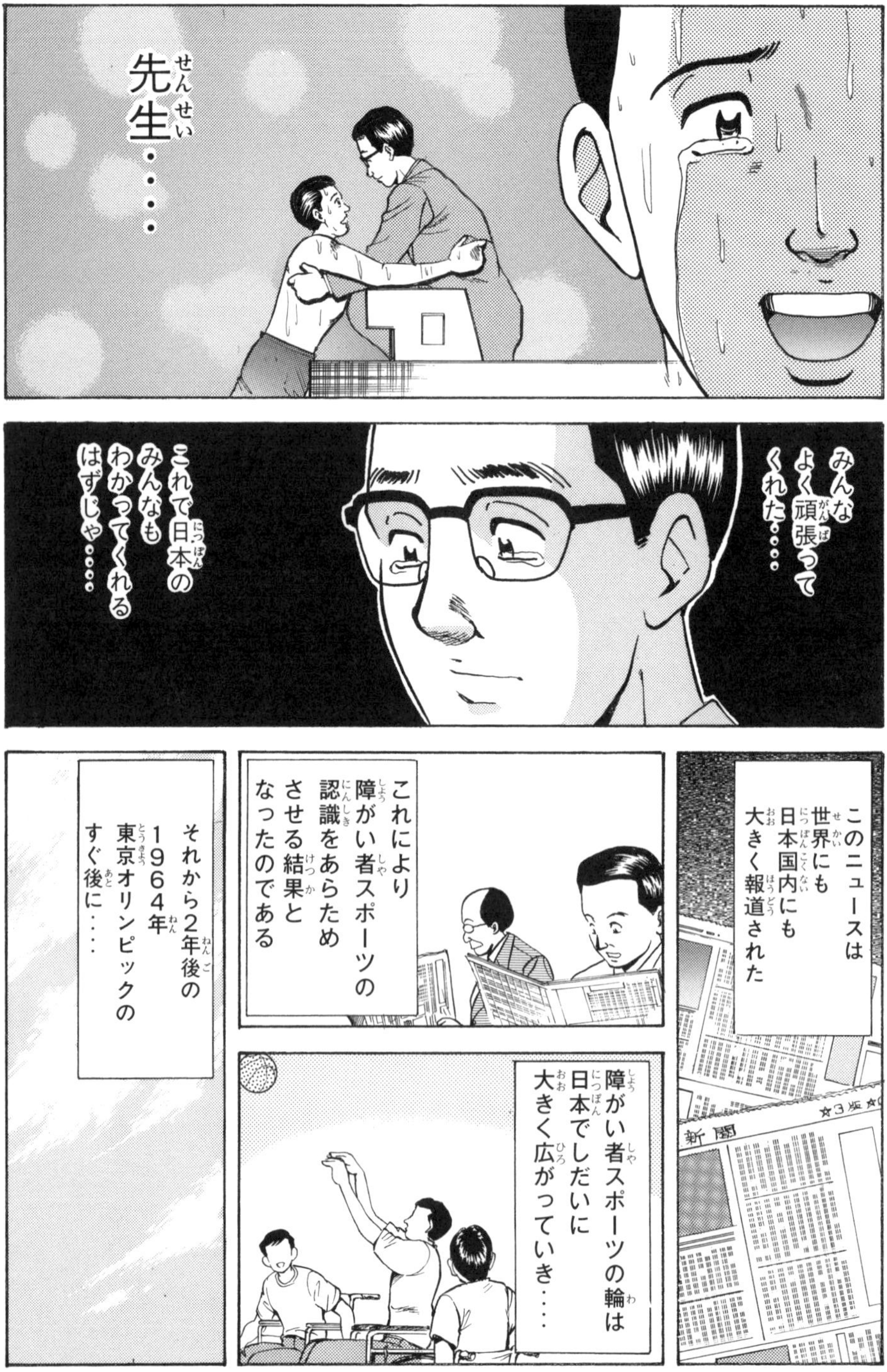
先生《せんせい》・・・・・
みんなよく頑張《がんば》ってくれた・・・・
これで日本《にっぽん》のみんなもわかってくれるはずじゃ・・・・
このニュースは世界《せかい》にも日本国内《にっぽんこくない》にも大《おお》きく報道《ほうどう》された
新聞
これにより障《しょう》がい者《しゃ》スポーツの認識《にんしき》をあらためさせる結果《けっか》となったのである
障《しょう》がい者《しゃ》スポーツの輪《わ》は日本《にっぽん》でしだいに大《おお》きく広《ひろ》がっていき・・・・
それから2年後《ねんご》の1964年《ねん》東京《とうきょう》オリンピックのすぐ後《あと》に・・・・

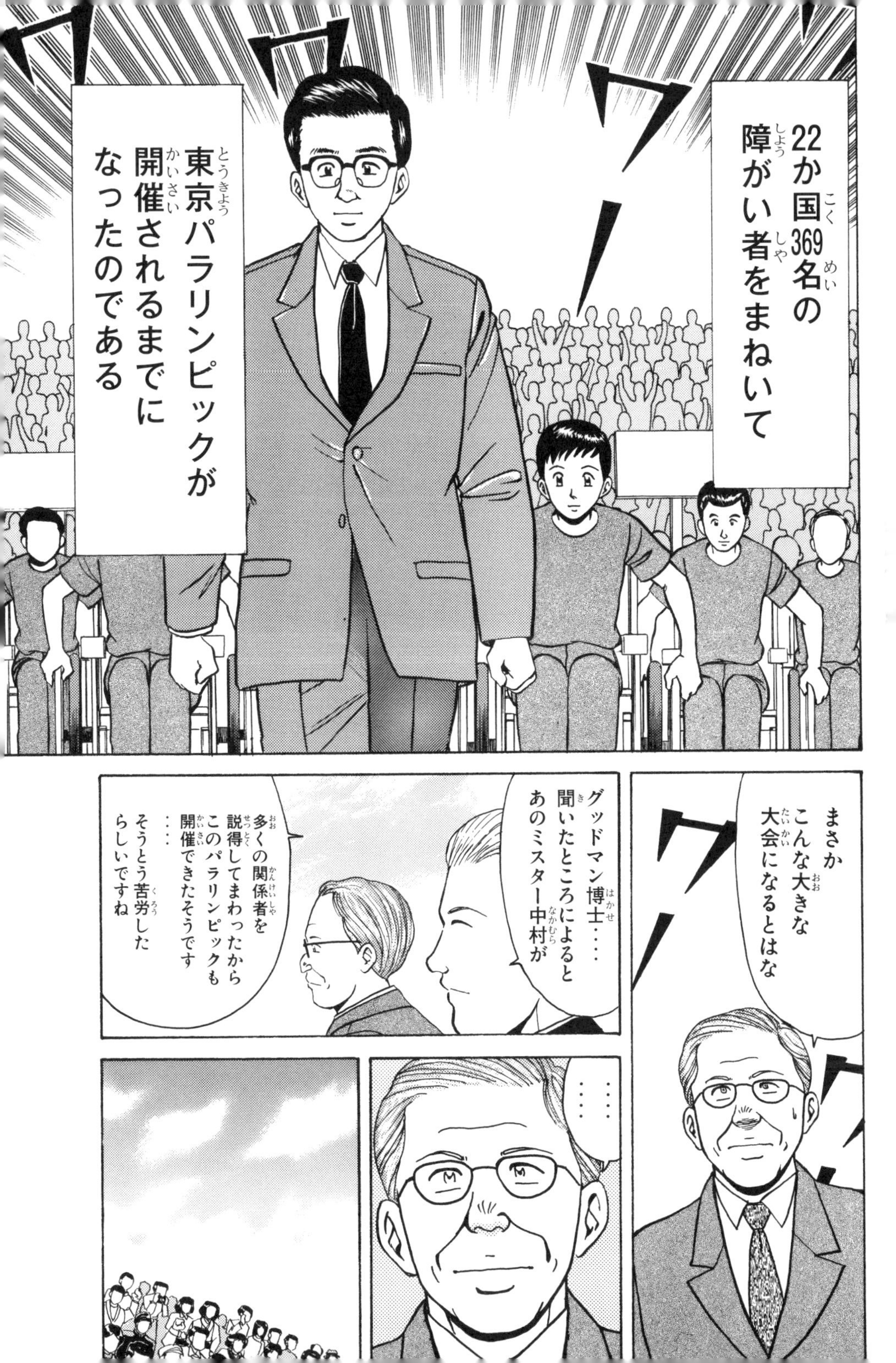

22か国《こく》369名《めい》の障《しょう》がい者《しゃ》をまねいて
東京《とうきょう》パラリンピックが開催《かいさい》されるまでになったのである
まさか こんな大《おお》きな大会《たいかい》になるとはな
グッドマン博士《はかせ》…… 聞《き》いたところによると あのミスター中村《なかむら》が
多《おお》くの関係者《かんけいしゃ》を説得《せっとく》してまわったから このパラリンピックも開催《かいさい》できたそうです …… そうとう苦労《くろう》したらしいですね
……

おめでとう ミスター中村《なかむら》
よくぞ 日本《にっぽん》の参加者《さんかしゃ》を 増《ふ》やしてくれた
グッドマン 博士《はかせ》・・・・
君《きみ》は 実行力《じっこうりょく》のある 数少《かずすく》ない 日本人《にほんじん》だな
私《わたし》は君《きみ》のことを 誤解《ごかい》していた ・・・・
どうやら君《きみ》は 私《わたし》の多《おお》くの教《おし》え子《ご》の中《なか》で もっとも優秀《ゆうしゅう》な 生徒《せいと》だったようだ
これからも もっともっと この障《しょう》がい者《しゃ》の スポーツを 日本《にっぽん》に広《ひろ》めて いきます
君《きみ》の仕事《しごと》は 今《いま》始《はじ》まった ばかりだよ
コク

そう……
私《わたし》の仕事《しごと》は
これからだ……
スポーツによって
障《しょう》がい者《しゃ》は
健康《けんこう》でたくましい
身体《からだ》を
つくることが
できた……
もう立派《りっぱ》に
働《はたら》けるだけの
体力《たいりょく》がついた……
次《つぎ》は彼《かれ》らの
職場《しょくば》さがしだ……
彼《かれ》らが社会《しゃかい》に出《で》て
仕事《しごと》につくことによって
初《はじ》めて自立《じりつ》したと
いえるのだから……
裕《ゆたか》は新《あら》たな
目標《もくひょう》にむかって
走《はし》りはじめていた
しかしそれはさらに
長《なが》くけわしい道《みち》のり
だったのである

1964年《ねん》第《だい》2回《かい》パラリンピック東京大会《とうきょうたいかい》

～「パラリンピック」は東京生《とうきょうう》まれの愛称《あいしょう》～

中村裕博士《なかむらゆたかはくし》は大会準備委員会《たいかいじゅんびいいんかい》の葛西嘉資会長《かさいよしすけかいちょう》とともに、東京《とうきょう》1964年国際身体障害者《ねんこくさいしんたいしょうがいしゃ》スポーツ大会《たいかい》を、車《くるま》いす使用者《しようしゃ》だけではなく、すべての障《しょう》がい者《しゃ》が参加《さんか》できる大会《たいかい》とすることを決意《けつい》し、イギリスのグットマン博士《はくし》たち関係者《かんけいしゃ》にはたらきかけた。

そして開催《かいさい》された、東京《とうきょう》1964年国際身体障害者《ねんこくさいしんたいしょうがいしゃ》スポーツ大会《たいかい》は、東京《とうきょう》オリンピックの直後《ちょくご》に行《おこな》われた。大会《たいかい》は2部制《ぶせい》で、第《だい》1部《ぶ》は、4年前《ねんまえ》のローマ大会《たいかい》の続《つづ》きとなる車《くるま》いす選手《せんしゅ》の国際大会《こくさいたいかい》として実施《じっし》され、のちに第《だい》2回《かい》パラリンピックとされた。第《だい》2部《ぶ》の国内大会《こくないたいかい》は車《くるま》いす選手《せんしゅ》だけでなく、すべての障《しょう》がい者《しゃ》を対象《たいしょう》として行《おこな》われた。参加《さんか》したのは日本選手《にっぽんせんしゅ》と西《にし》ドイツの招待選手《しょうたいせんしゅ》だった。

1964年東京大会《ねんとうきょうたいかい》のやり投《な》げ。

じつは「パラリンピック」という名称《めいしょう》は、「Paraplegia《パラプレジア》（対《つい》まひ者《しゃ》＝下半身《かはんしん》まひ）」の「Olympic《オリンピック》」＝「Paralympic《パラリンピック》」という発想《はっそう》から、愛称《あいしょう》として東京大会《とうきょうたいかい》のときに日本《にっぽん》で名《な》づけられている。この「パラリンピック」は、その後《ご》「もうひとつの（Parallel《パラレル》）＋オリンピック（Olympic《オリンピック》）」という意味《いみ》の「パラリンピック」という公式《こうしき》の名称《めいしょう》になり、1988年《ねん》ソウル大会《たいかい》から正式《せいしき》に使用《しよう》されるようになった。

代々木公園《よよぎこうえん》で行《おこな》われた車《くるま》いすバスケットボール。

太《たい》陽《よう》の仲《なか》間《ま》たちよ

〈後《こう》編《へん》〉

身《しん》体《たい》障《しょう》がい者《しゃ》とある医《い》師《し》の挑《ちょう》戦《せん》

ワ
ワー
1964年
障《しょう》がい者《しゃ》の国際《こくさい》スポーツ大会《たいかい》
東京《とうきょう》パラリンピックが
開催《かいさい》された
バスケットボールや
卓球《たっきゅう》
やり投《な》げなど
8種類《しゅるい》の競技《きょうぎ》を
参加《さんか》22か国《こく》
369名《めい》の選手《せんしゅ》がおこなう
大《おお》きな大会《たいかい》となったのである
ワー
すごいなあ……
ワー

車《くるま》いすどうしでぶつかったり転《ころ》んだりしても平気《へいき》な顔《かお》で競技《きょうぎ》を続《つづ》けちゃうんだもんな
ああ
・・・・・・
こんなにたくさんの人《ひと》が来《き》てこんな大《おお》きな大会《たいかい》を開《ひら》くことができた・・・・
整形外科医《せいけいげかい》
中村《なかむら》 裕《ゆたか》(37)
彼《かれ》が日本《にっぽん》に障《しょう》がい者《しゃ》のスポーツを広《ひろ》めようとしてから5年《ねん》
多《おお》くの困難《こんなん》をのりこえてひらかれたこの大会《たいかい》は大成功《だいせいこう》のうち幕《まく》をとじた
しかし裕《ゆたか》はこの後《あと》新《あら》たな問題《もんだい》に愕然《がくぜん》とするのである・・・・
イエー
一位《い》だって?すごいなあ
それは大会終了後《たいかいしゅうりょうご》の選手控《せんしゅひか》え室《しつ》での出来事《できごと》だった――
なあみんな!!

俺達《おれたち》はこの日のために働《はたら》いてお金《かね》をためてきたんだ
これから銀座《ぎんざ》でショッピングといこうじゃないか!!
おおそうだな
ついでに食事《しょくじ》もしよう!!
ワイワイ
外国選手達《がいこくせんしゅたち》はみんなでショッピングに食事《しょくじ》か……いいな……
じゃあこっちもみんなで飲《の》みにでも行《い》こうか!!

どうしたんだ みんな
君《きみ》らも 外国選手達《がいこくせんしゅたち》と 一緒《いっしょ》に町《まち》へ くりださんのか？
・・・・
でも僕《ぼく》ら これから病院《びょういん》や家《いえ》に 帰《かえ》らないと いけませんから・・・・
今日《きょう》ぐらい おそくなったって いいじゃないか めでたい日《ひ》なんだし
わしらにゃ 無理《むり》ですよ 先生《せんせい》
外国選手《がいこくせんしゅ》と わしら日本人《にほんじん》は 違《ちが》うんじゃ
あの人達《ひとたち》は 国《くに》に帰《かえ》れば 戻《もど》るべき仕事場《しごとば》が ある
働《はたら》いているから 自由《じゆう》に使《つか》える お金《かね》もあるんです
それでなくとも わしらの身《み》のまわりの 世話《せわ》だけで家族《かぞく》は たいへんなんじゃ
その上《うえ》 外食《がいしょく》なんかして 家計《かけい》の負担《ふたん》を 増《ふ》やすわけにいかねえだ
でもわしらは 人《ひと》に食《く》わしてもらって 生《い》きとるんじゃ・・・・
そんなぜいたく したら 叱《しか》られてしまう

僕《ぼく》らだって本当《ほんとう》は
働《はたら》きたいんですよ
給料《きゅうりょう》もらって飲《の》みにだって
行《い》きたいですよ
でも障《しょう》がい者《しゃ》が
働《はたら》ける職場《しょくば》なんて
この国《くに》にはほとんど
ないじゃないですか!!
!!
・・・・
自分《じぶん》は
間違《まちが》っていた
・・・
リハビリのための
スポーツばかりに
目《め》がいって
彼《かれ》らの仕事《しごと》のことを
考《かんが》えていなかった・・・・
でもいわれてみれば
確《たし》かにその通《とお》りだ
この国《くに》には障《しょう》がい者《しゃ》を
やとってくれる所《ところ》が
あまりにも少《すく》ない
スポーツを通《つう》じて
健康《けんこう》を回復《かいふく》した
彼《かれ》らになら仕事《しごと》は
できるはずなんだ・・・・
それなのに
受《う》け入《い》れてくれる所《ところ》が
なければ
どうしようもないじゃ
ないか・・・

そうか・・・・
働《はたら》く場《ば》が ないなら 作《つく》ればいいじゃ ないか
これを作《つく》らなければ 障《しょう》がい者《しゃ》の社会進出《しゃかいしんしゅつ》には ならないんだ
この時《とき》から 裕《ゆたか》の新《あら》たなる 挑戦《ちょうせん》が始《はじ》まった のである
とにかく 工場《こうじょう》を作《つく》ろう
小《ちい》さくてもいい 自分《じぶん》の力《ちから》で 何《なに》かを生産《せいさん》する 工場《こうじょう》を・・・・
障《しょう》がい者《しゃ》が 働《はたら》く工場《こうじょう》？
はい
そこで おたくの会社《かいしゃ》の 下請《したう》けの仕事《しごと》をさせて もらえないで しょうか？

障《しょう》がい者《しゃ》が作《つく》るなんて‥‥大丈夫《だいじょうぶ》かなぁ
うちではちょっと‥‥
ハア
ハア
お願《ねが》いします!!
裕《ゆたか》は仕事《しごと》の合間《あいま》をぬってあちこちかけまわり工場《こうじょう》を作《つく》るために奔走《ほんそう》したのである
‥‥
あなたの熱意《ねつい》にうたれました仕事《しごと》を出《だ》してみましょうか
ようやく裕《ゆたか》の努力《どりょく》が実《みの》り病院《びょういん》の近《ちか》くの土地《とち》で工場《こうじょう》を始《はじ》められることになった

そしてこの計画《けいかく》を知《し》った
障《しょう》がいがある人々《ひとびと》から
自分《じぶん》も働《はたら》きたいという
入所希望《にゅうしょきぼう》の手紙《てがみ》が
100通《つう》を超《こ》えてとどいた
こんなに働《はたら》きたい人《ひと》が
全国《ぜんこく》にたくさんいるんだ
はやくこの工場《こうじょう》を成功《せいこう》させて
希望者全員《きぼうしゃぜんいん》を入所《にゅうしょ》させられる
ようにしなければ・・・
1965年《ねん》
10月5日《がついつか》
チュン
チュン
「太陽《たいよう》の家《いえ》」と名《な》づけられた
工場《こうじょう》がついに
スタートした
おはよう
ございます
おはよう
ございまーす
みんな
こんな朝早《あさはや》くから
気合《きあい》が
入《はい》っとるなぁ

もう今日《きょう》から仕事《しごと》だと思《おも》ったら寝《ね》てられなくて
まさかこのわしがまた仕事《しごと》ができるなんて夢《ゆめ》みたいです・・・・ありがとう 先生《せんせい》
私達《わたしたち》 頑張《がんば》ってこの太陽《たいよう》の家《いえ》を大《おお》きくしてみせますから!!
うん 頑張《がんば》ってくれよ みんな・・・・
太陽《たいよう》の家《いえ》の未来《みらい》は君達《きみたち》にかかっとるんだ
はい!!
太陽《たいよう》の家《いえ》の入所者《にゅうしょしゃ》は15名《めい》
彼《かれ》らはいくつかの中小企業《ちゅうしょうきぎょう》からの下請《したう》けで
竹細工《たけざいく》や義肢作《ぎしづく》り洋裁《ようさい》などの仕事《しごと》をそれぞれの部門《ぶもん》にわかれておこなった

いよいよ太陽《たいよう》の家《いえ》の仕事《しごと》が始《はじ》まりましたね
どうですかみんなの様子《ようす》は？
みんな一生懸命《いっしょうけんめい》やっとるよ
朝《あさ》は6時《じ》に起《お》きて掃除《そうじ》して
始業時間《しぎょうじかん》よりも早《はや》く作業《さぎょう》を始《はじ》めるんだ
昼休《ひるやす》みも返上《へんじょう》して働《はたら》いて
作業《さぎょう》のかたづけから日常《にちじょう》の洗濯《せんたく》までやっとるんだぞ
へえ・・・・

家族《かぞく》や他人《たにん》に面倒《めんどう》みてもらうことの多《おお》かった彼《かれ》らが
誰《だれ》の力《ちから》もかりずに一人《ひとり》でやるようになってくれたんだ
それだけでもあの工場《こうじょう》を作《つく》ったかいがあるよ
しかしこの小《ちい》さな工場《こうじょう》の環境《かんきょう》はひどかった
近《ちか》くの土地《とち》から悪臭《あくしゅう》が流《なが》れこみ
雨《あま》もりもする
蚊《か》や蝿《はえ》が飛《と》びまわり
食堂《しょくどう》は4、5人《にん》が座《すわ》れる程度《ていど》のテーブルがひとつあるだけだった
彼《かれ》らはこのひどい条件《じょうけん》に文句《もんく》ひとついわず働《はたら》き続《つづ》けた
・・・だが・・・・

え‥‥
これだけ?
ええ‥‥
昼休《ひるやす》みも返上《へんじょう》して
作《つく》ったんですが
しかし普通《ふつう》なら
この3倍《ばい》は
できるはずだろ
これじゃ
コストがかかりすぎて
もうけが出《で》ないじゃ
ないか!!
うちが
大損《おおぞん》だよ!!
す‥‥
すいません
あんたを信用《しんよう》して
仕事《しごと》を出《だ》してみれば
このざまだ
まったく‥‥

やっぱり
障《しょう》がい者《しゃ》だから
かねえ・・・・
え・・・・
これっぽっち・・・・
もっと
出《だ》してやりたいんだが
赤字《あかじ》でな・・・・
環境《かんきょう》の悪《わる》い所《ところ》で
頑張《がんば》ってくれたのに・・・・
すまない・・・・
・・・・・・・・

※昭和《しょうわ》40年当時《ねんとうじ》、かけそば一杯《ぱい》80円前後《えんぜんご》だった。

俺《おれ》は何《なん》のために働《はたら》いてるんだろう・・・
ただ先生《せんせい》や太陽《たいよう》の家《いえ》に負担《ふたん》をかけてるだけみたいだよ・・・・
さらに悪《わる》いことは続《つづ》いた・・・・
ひきあげるってどういうことですか!?
つまり うちはこの太陽《たいよう》の家《いえ》へ仕事《しごと》を出《だ》すのを中止《ちゅうし》するということですよ
景気《けいき》もよくないし販売《はんばい》も行《い》きづまってますし
なによりこの能率《のうりつ》じゃねえ・・・・
そ・・・・そんな・・・・

ひどいじゃないですか!!
うちは他《ほか》の工場《こうじょう》より安《やす》い賃金《ちんぎん》なのを我慢《がまん》して働《はたら》いてきたんですよ!!
生産性《せいさんせい》だってあがってきてたじゃないですか!!
それなのに突然《とつぜん》一方的《いっぽうてき》にひきあげるだなんて!!
これは上《うえ》の者《もの》が決《き》めたことですから
これでふたつめだ‥‥
企業《きぎょう》をかけまわって新《あたら》しい仕事《しごと》をもらってきてもそのそばから別《べつ》の企業《きぎょう》が撤退《てったい》していく‥‥
突然《とつぜん》仕事《しごと》を失《うしな》う彼《かれ》らのショックはどんなに大《おお》きいか‥‥
世間《せけん》よりはるかに安《やす》い賃金《ちんぎん》で懸命《けんめい》に働《はたら》いて‥‥あげくの果《は》てに閉鎖《へいさ》だなんて‥‥

これでは
彼《かれ》らも
やりきれんだろう
・・・・
わしの力《ちから》が
たりない
ばかりに・・・・
裕《ゆたか》の眠《ねむ》れない
日《ひ》が続《つづ》いた
太陽《たいよう》の家《いえ》の
経営《けいえい》うまく
いってないん
だって?
医者《いしゃ》が
そんなことに
手《て》を出《だ》す
からだよ
あんたは
計画性《けいかくせい》が
なさすぎるん
だよ
それに
ふりまわされる
障《しょう》がい者《しゃ》の彼《かれ》らが
かわいそうだと
思《おも》わんのか!!
ガバッ

あなた また眠《ねむ》れないんですか
すまん 起《お》こしてしまったか
悪《わる》いな お前《まえ》まで寝不足《ねぶそく》にしちまって・・・・
太陽《たいよう》の家《いえ》の経営《けいえい》うまくいかないんですか
ああ・・・・
なかなか難《むずか》しい・・・・
このままの状態《じょうたい》が続《つづ》いたら
いよいよ太陽《たいよう》の家《いえ》もおしまいかもしれん
・・・・
わしは最近《さいきん》思《おも》うんだ・・・・

とんでもないことを始《はじ》めてしまったんじゃないかなってな・・・・
わしはただの医者《いしゃ》だ
しかし今《いま》やっていることは医者《いしゃ》が首《くび》をつっこむべき仕事《しごと》じゃない・・・・
このまま太陽《たいよう》の家《いえ》がつぶれるようなことがあれば
工場《こうじょう》に入所《にゅうしょ》した彼《かれ》らは途方《とほう》にくれてしまうだろう
彼《かれ》らの中《なか》には帰《かえ》る家《いえ》のないものもたくさんいるんだ
そしてなによりも失敗《しっぱい》の前例《ぜんれい》ができてしまったら
この先《さき》障《しょう》がい者《しゃ》の働《はたら》く道《みち》を閉《と》ざしてしまうことになってしまうんだよ・・・・
・・・・ ・・・・

このままでは
工場《こうじょう》がつぶれて
しまうのも
時間《じかん》の問題《もんだい》だ
それなら
いっそのこと
借金《しゃっきん》の少《すく》ないうちに
工場《こうじょう》を閉《し》めて
しまったほうが
みんなのためかも
しれないな・・・
え?
工場《こうじょう》に
あかりが・・・・
なんだろう
こんな
夜《よる》おそく
タタタ
!!

ガガガガガガガ
頑張《がんば》れ
もう少《すこ》しだ
大丈夫《だいじょうぶ》
疲《つか》れてない？
まだまだ
頑張《がんば》れるわ
お・・・
お前達《まえたち》
こんな時間《じかん》まで
何《なに》しとるんだ

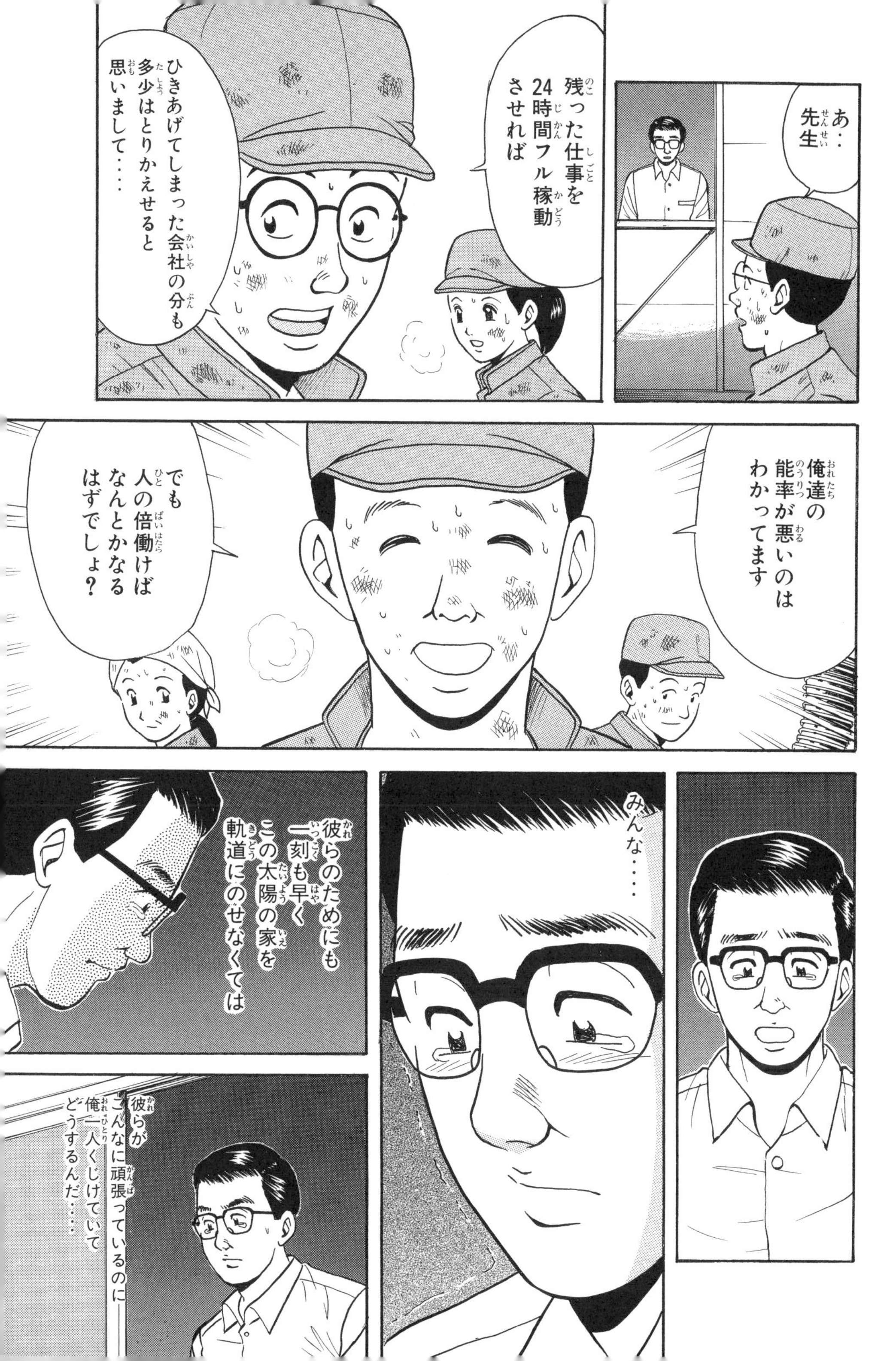

あ‥先生《せんせい》
残《のこ》った仕事《しごと》を24時間《じかん》フル稼動《かどう》させれば
ひきあげてしまった会社《かいしゃ》の分《ぶん》も多少《たしょう》はとりかえせると思《おも》いまして‥‥
俺達《おれたち》の能率《のうりつ》が悪《わる》いのはわかってます
でも人《ひと》の倍働《ばいはたら》けばなんとかなるはずでしょ？
みんな‥‥
彼《かれ》らのためにも一刻《いっこく》も早《はや》くこの太陽《たいよう》の家《いえ》を軌道《きどう》にのせなくては
彼《かれ》らがこんなに頑張《がんば》っているのに俺一人《おれひとり》くじけていてどうするんだ‥‥

しかし能率《のうりつ》が悪《わる》いからといって こんな無茶《むちゃ》な働《はたら》きかたを していては いつか彼《かれ》らは倒《たお》れてしまう
かといって このせまい工場《こうじょう》で 活発《かっぱつ》に動《うご》きまわれない 彼《かれ》らのやる仕事《しごと》では 飛躍的《ひやくてき》に生産性《せいさんせい》が あがるとは思《おも》えんし・・・
いったいどうすれば 能率《のうりつ》をあげる ことができるの だろう・・・・
そんな ある日《ひ》
思《おも》いがけない ところから きっかけを つかむのである
どうも最近《さいきん》 体《からだ》の調子《ちょうし》が よくないな・・・・
こんな時《とき》 エスカレーターは 助《たす》かる・・・・

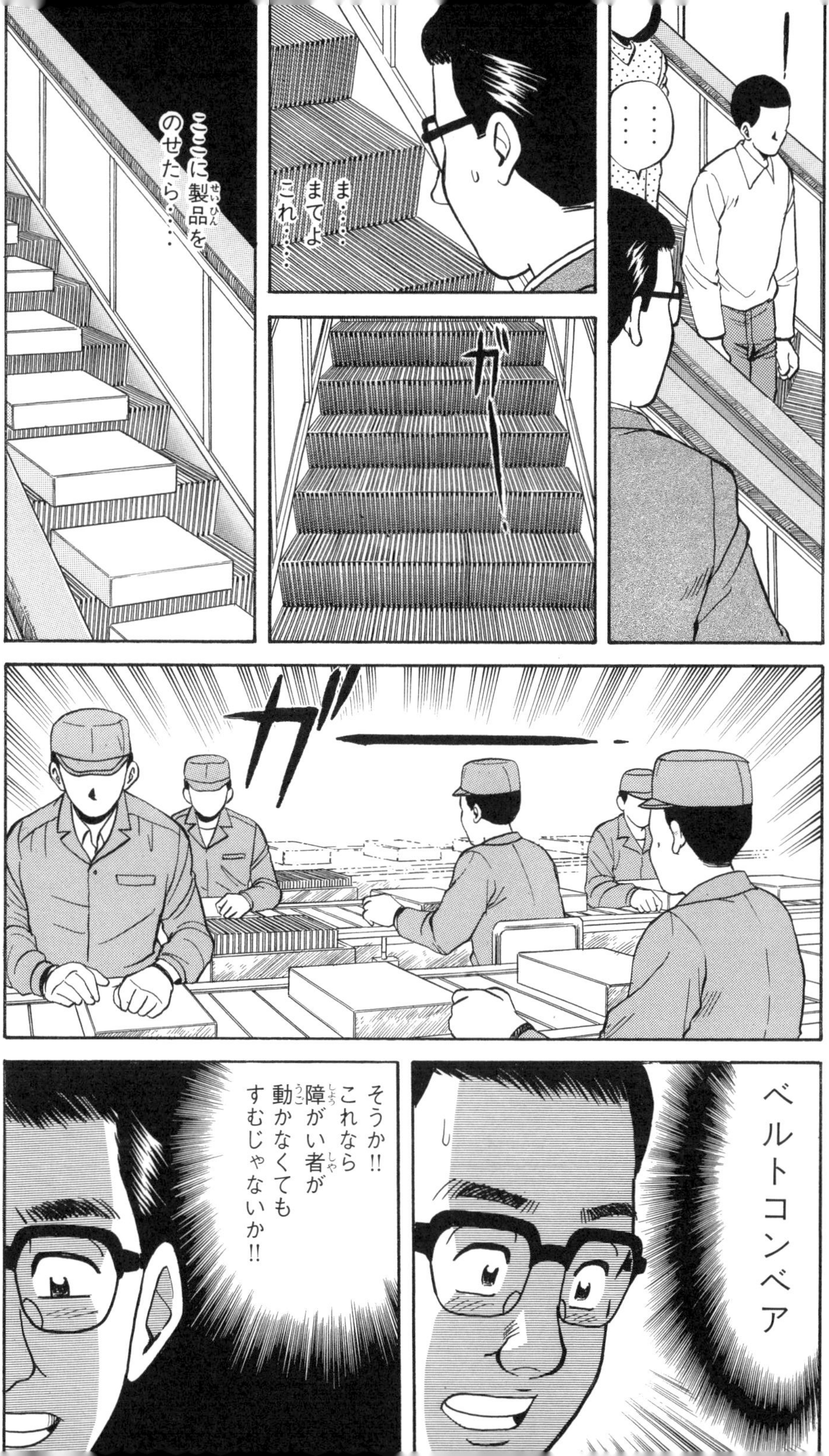
！
……
ま……
まてよ
これ……
ここに製品《せいひん》を
のせたら……
ガー
ガーー
ベルトコンベア
そうか!!
これなら
障《しょう》がい者《しゃ》が
動《うご》かなくても
すむじゃないか!!

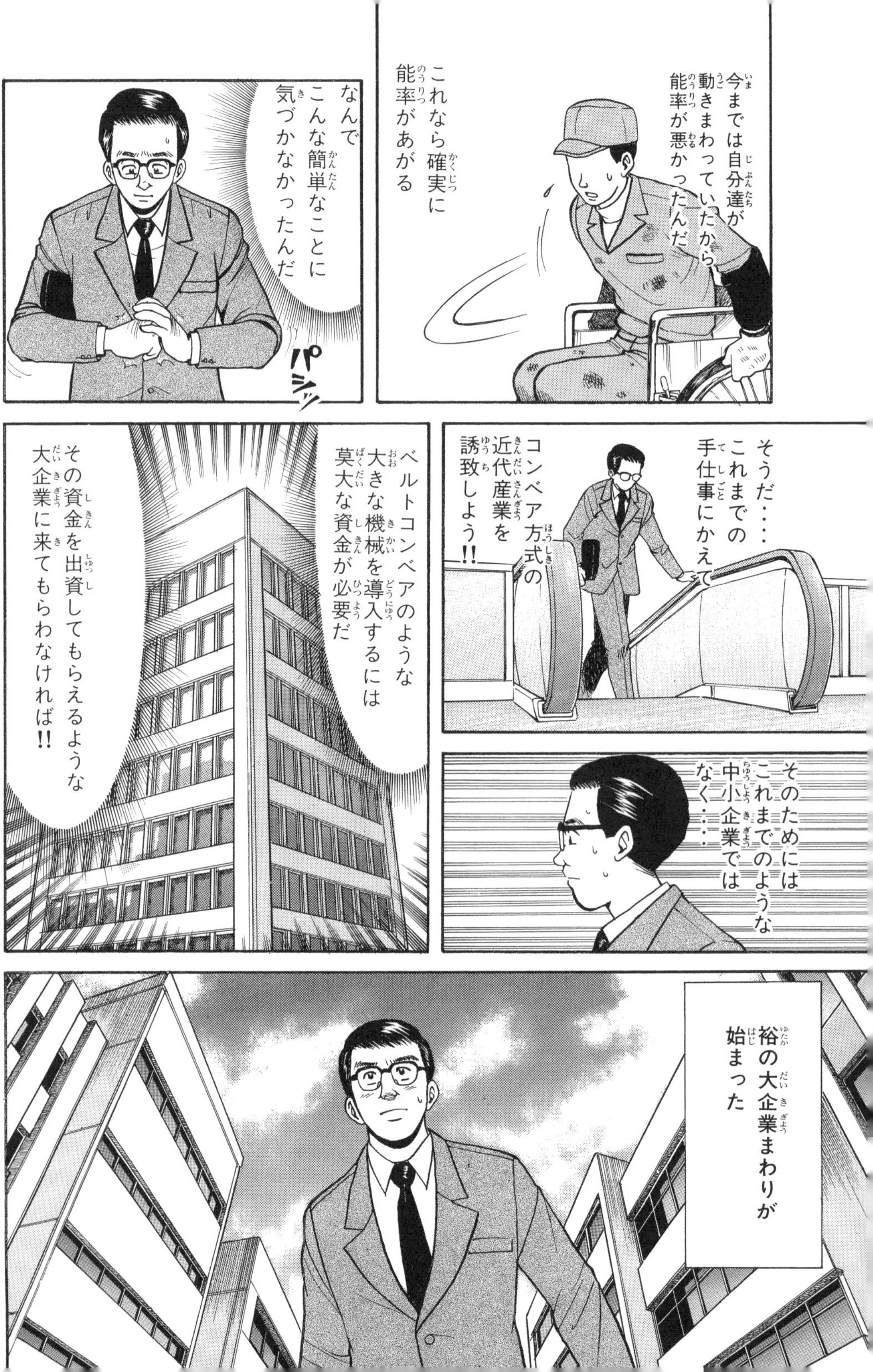
今《いま》までは自分達《じぶんたち》が動《うご》きまわっていたから能率《のうりつ》が悪《わる》かったんだ
これなら確実《かくじつ》に能率《のうりつ》があがる
なんでこんな簡単《かんたん》なことに気《き》づかなかったんだ
パシッ
そうだ……これまでの手仕事《てしごと》にかえて
コンベア方式《ほうしき》の近代産業《きんだいさんぎょう》を誘致《ゆうち》しよう!!
そのためにはこれまでのような中小企業《ちゅうしょうきぎょう》ではなく……
ベルトコンベアのような大《おお》きな機械《きかい》を導入《どうにゅう》するには莫大《ばくだい》な資金《しきん》が必要《ひつよう》だ
その資金《しきん》を出資《しゅっし》してもらえるような大企業《だいきぎょう》に来《き》てもらわなければ!!
裕《ゆたか》の大企業《だいきぎょう》まわりが始《はじ》まった

もちろんそれが順調《じゅんちょう》にいったわけではない
ほとんどの会社《かいしゃ》はまともに裕《ゆたか》の話《はなし》を聞《き》いてはくれなかった
体調《たいちょう》をくずして歩《ある》くのもやっとだった裕《ゆたか》だが
そんな時《とき》 彼《かれ》をささえたのは太陽《たいよう》の家《いえ》のみんなの姿《すがた》だった
みんな休日《きゅうじつ》も返上《へんじょう》して働《はたら》いてくれている
そんな彼《かれ》らの気持《きも》ちにこたえるためにも必《かなら》ず協力《きょうりょく》してくれる会社《かいしゃ》を見《み》つけてみせる!!
そしてついに裕《ゆたか》たちの気持《きも》ちが通《つう》じる時《とき》が来《き》たのである……
それは工場《こうじょう》のオートメーション機械《きかい》などを作《つく》っていた立石電機《たていしでんき》（現《げん》オムロン）の立石一真社長《たていしかずましゃちょう》（当時《とうじ》）に会《あ》った時《とき》だった
立石電機株式会社
……
……

あなたの気持《きも》ちはわかりました
ではやっていただきましょうか
ほ・・・本当《ほんとう》ですか!?
ただひとつ条件《じょうけん》があります
え!?
私は彼《かれ》らを障《しょう》がい者《しゃ》として扱《あつか》いません
うちの会社《かいしゃ》と太陽《たいよう》の家《いえ》とで共同出資《きょうどうしゅっし》して会社《かいしゃ》を作《つく》り
経営《けいえい》にもくわわってもらう

経営《けいえい》に・・・・!?
私《わたし》は彼《かれ》らが障《しょう》がいがあるからといって
下請《したう》けとして一方的《いっぽうてき》に仕事《しごと》をあたえるようなことはしたくない・・・・
それでもし失敗《しっぱい》すればあなた達《たち》も私達《わたしたち》も大《おお》きな損害《そんがい》をかかえることになるでしょう
しかし成功《せいこう》すれば今《いま》まで以上《いじょう》の喜《よろこ》びが必《かなら》ずあるはずです
苦《くる》しい時《とき》は苦《くる》しみをわかちあい
うれしい時《とき》は一緒《いっしょ》に喜《よろこ》ぼうじゃないですか
・・・・・・・・

ありがとうございます!!
きっとその御厚意《ごこうい》にこたえてみせます!!
立石氏《たていしし》は障《しょう》がい者《しゃ》の社会進出《しゃかいしんしゅつ》に以前《いぜん》から関心《かんしん》をもっていて裕《ゆたか》の熱意《ねつい》が通《つう》じたのだった
そして新《あら》たに建設《けんせつ》された鉄筋《てっきん》三階《かい》建《だ》ての工場《こうじょう》にオムロン太陽電気株式会社《たいようでんきかぶしきがいしゃ》が設立《せつりつ》され電子部品《でんしぶひん》を組《く》み立《た》てる仕事《しごと》が始《はじ》まった
OMRON
新会社《しんがいしゃ》の社員《しゃいん》となった太陽《たいよう》の家《いえ》の障《しょう》がい者《しゃ》が何《なん》パーセントかの株主《かぶぬし》となった
障《しょう》がい者《しゃ》が工場《こうじょう》に社会復帰《しゃかいふっき》するとともに株主《かぶぬし》となって経営《けいえい》や管理《かんり》にたずさわるということは世界《せかい》でも例《れい》のないことだったのである

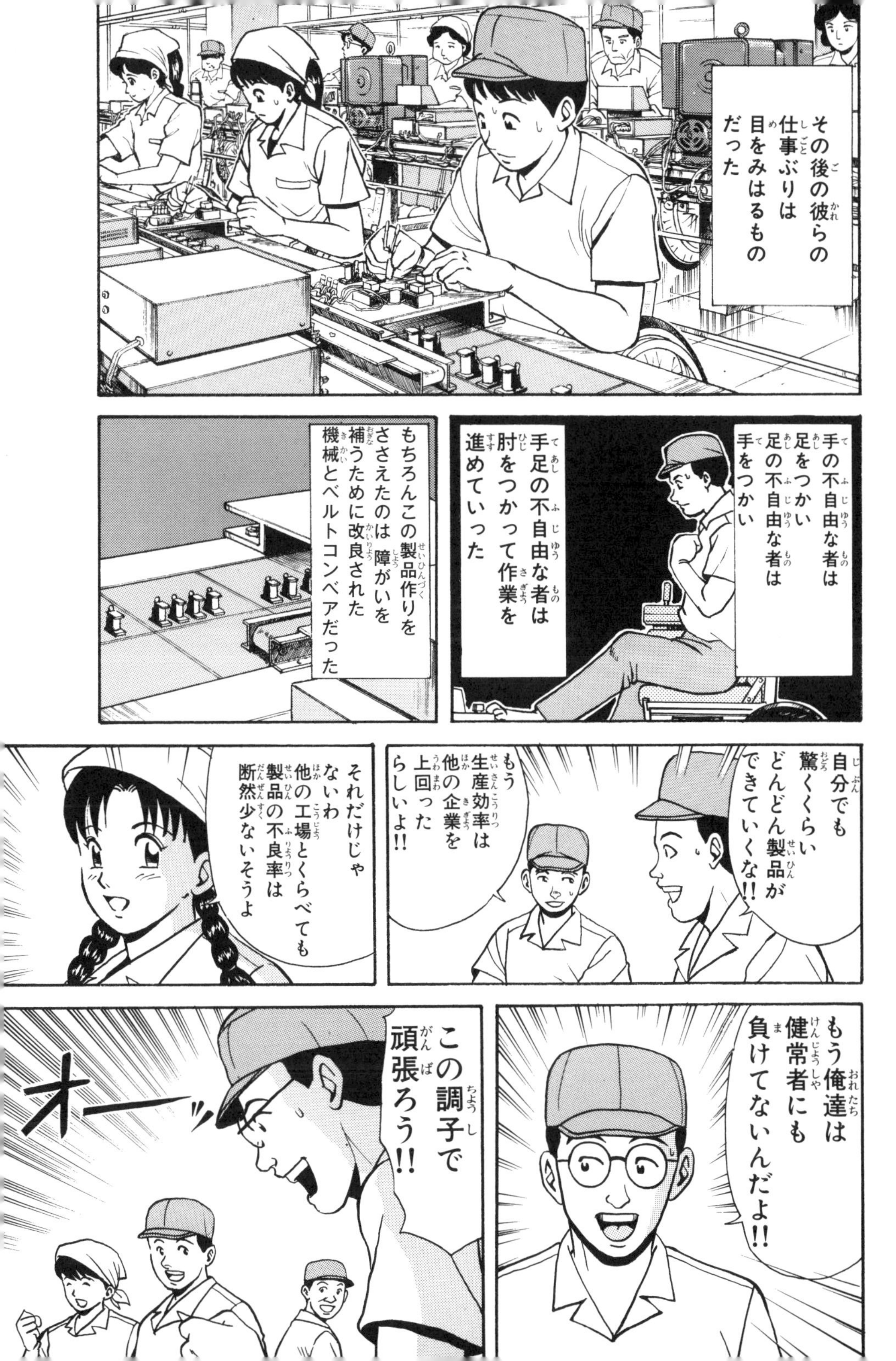
その後《ご》の彼《かれ》らの仕事《しごと》ぶりは目《め》をみはるものだった
手《て》の不自由《ふじゆう》な者《もの》は足《あし》をつかい 足《あし》の不自由《ふじゆう》な者《もの》は手《て》をつかい
手足《てあし》の不自由《ふじゆう》な者《もの》は肘《ひじ》をつかって作業《さぎょう》を進《すす》めていった
もちろんこの製品作《せいひんづく》りをささえたのは障《しょう》がいを補《おぎな》うために改良《かいりょう》された機械《きかい》とベルトコンベアだった
自分《じぶん》でも驚《おどろ》くくらいどんどん製品《せいひん》ができていくな!!
もう生産効率《せいさんこうりつ》は他《ほか》の企業《きぎょう》を上回《うわまわ》ったらしいよ!!
それだけじゃないわ 他《ほか》の工場《こうじょう》とくらべても製品《せいひん》の不良率《ふりょうりつ》は断然少《だんぜんすく》ないそうよ
もう俺達《おれたち》は健常者《けんじょうしゃ》にも負《ま》けてないんだよ!!
この調子《ちょうし》で頑張《がんば》ろう!!
オーー

そして・・・・
みんな聞《き》いてくれ!
オムロン太陽《たいよう》を設立《せつりつ》して4か月《げつ》・・・・
ついに黒字《くろじ》となった!!
これはちょっと少《すく》ないが
みんなにボーナスだ!!

え‥‥
ほ‥‥
本当《ほんとう》ですか‥‥
僕達《ぼくたち》がボーナスを‥‥
コク
ワァァァ
太陽《たいよう》の家設立《いえせつりつ》から7年《ねん》彼《かれ》らはついに会社《かいしゃ》として大《おお》きな利益《りえき》を生《う》みだすまでになったのです

俺《おれ》たちも やっとボーナスを もらえるまでに なれたんだ
もう私達《わたしたち》は 一人前《いちにんまえ》の労働者《ろうどうしゃ》ね
これで うまいもんが 食《く》いにいけるな
同《おな》じだ・・・・ パラリンピックの時《とき》の 外国選手《がいこくせんしゅ》と同《おな》じ・・・・
夢《ゆめ》にまでみた あの時《とき》の姿《すがた》だ・・・・
みんな よく頑張《がんば》って くれた
よく やってくれたな
先生《せんせい》・・・・
ありがとう 先生《せんせい》・・・・
おいわいに 飲《の》みにでも 行《い》こうか!!

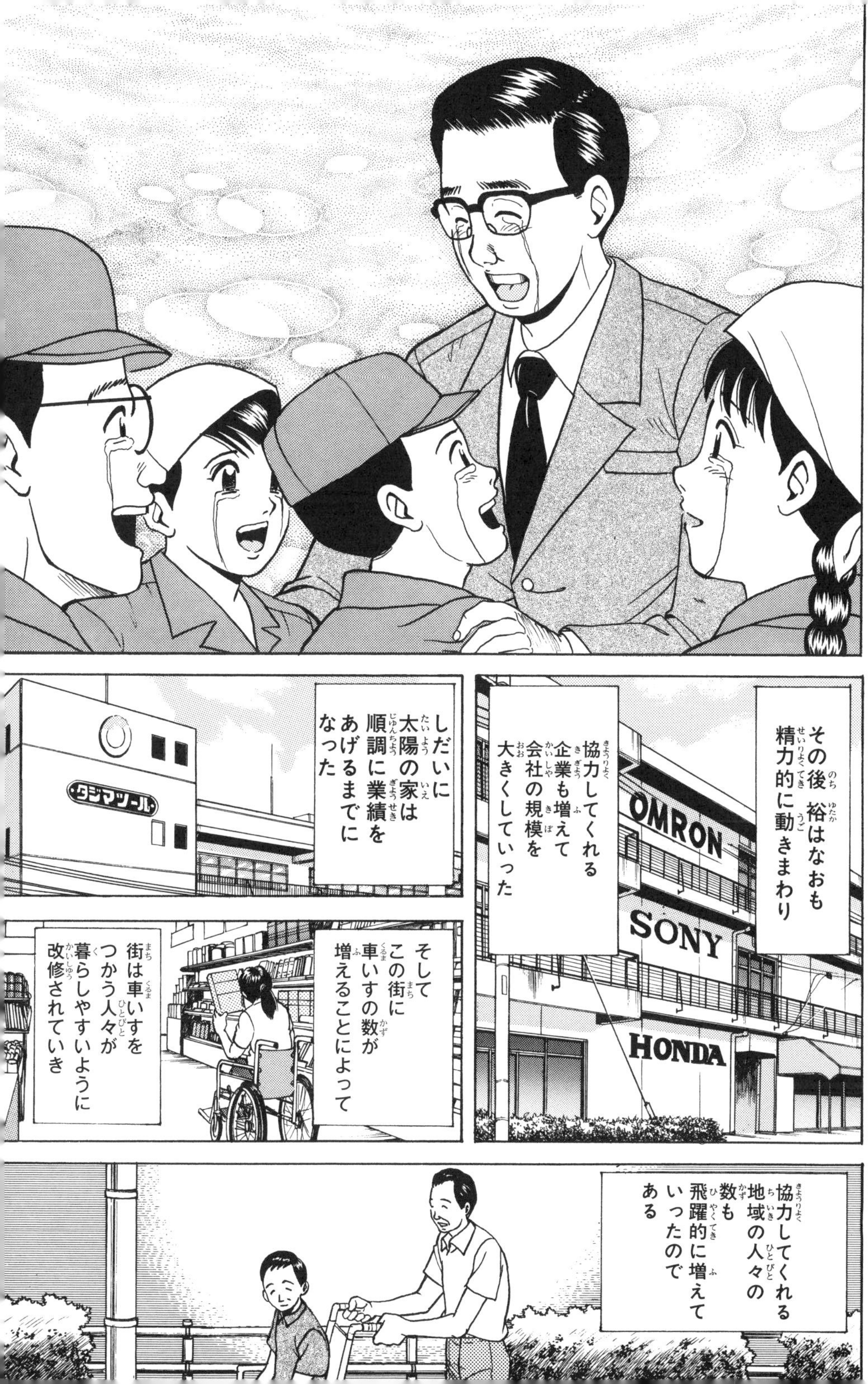
その後《のち》 裕《ゆたか》はなおも精力的《せいりょくてき》に動《うご》きまわり
協力《きょうりょく》してくれる企業《きぎょう》も増《ふ》えて会社《かいしゃ》の規模《きぼ》を大《おお》きくしていった
OMRON
SONY
HONDA
しだいに太陽《たいよう》の家《いえ》は順調《じゅんちょう》に業績《ぎょうせき》をあげるまでになった
タジマツール
そしてこの街《まち》に車《くるま》いすの数《かず》が増《ふ》えることによって
街《まち》は車《くるま》いすをつかう人々《ひとびと》が暮《く》らしやすいように改修《かいしゅう》されていき
協力《きょうりょく》してくれる地域《ちいき》の人々《ひとびと》の数《かず》も飛躍的《ひやくてき》に増《ふ》えていったのである

裕《ゆたか》は
日本《にっぽん》の障《しょう》がい者《しゃ》の他《ほか》に
まだめぐまれない
アジアの国々《くにぐに》の
障《しょう》がい者《しゃ》にも目《め》をむけ
車《くるま》いすを寄附《きふ》したり
韓国《かんこく》やインドネシアなどの
研修生《けんしゅうせい》を太陽《たいよう》の家《いえ》に
受《う》け入《い》れた
また
アジアの身障者《しんしょうしゃ》スポーツ大会《たいかい》
※フェスピックを開催《かいさい》するため
世界各国《せかいかっこく》を飛《と》びまわり
フェスピッ
海外《かいがい》で障《しょう》がい者《しゃ》のスポーツに
ついて講演《こうえん》をしたりした
その忙《いそが》しさは
他《ほか》の人《ひと》の
数倍《すうばい》ものスピードで
人生《じんせい》を生《い》きている
ようだった・・・・
そんな
無理《むり》がたたったのか・・・・
1984年《ねん》7月《がつ》

※フェスピック＝アジアと南太平洋《みなみたいへいよう》の国々《くにぐに》を中心《ちゅうしん》とした身体障《しんたいしょう》がい者《しゃ》のためのスポーツ大会《たいかい》。2006年《ねん》を最後《さいご》にアジアパラ競技大会《きょうぎたいかい》に引《ひ》き継《つ》がれた。

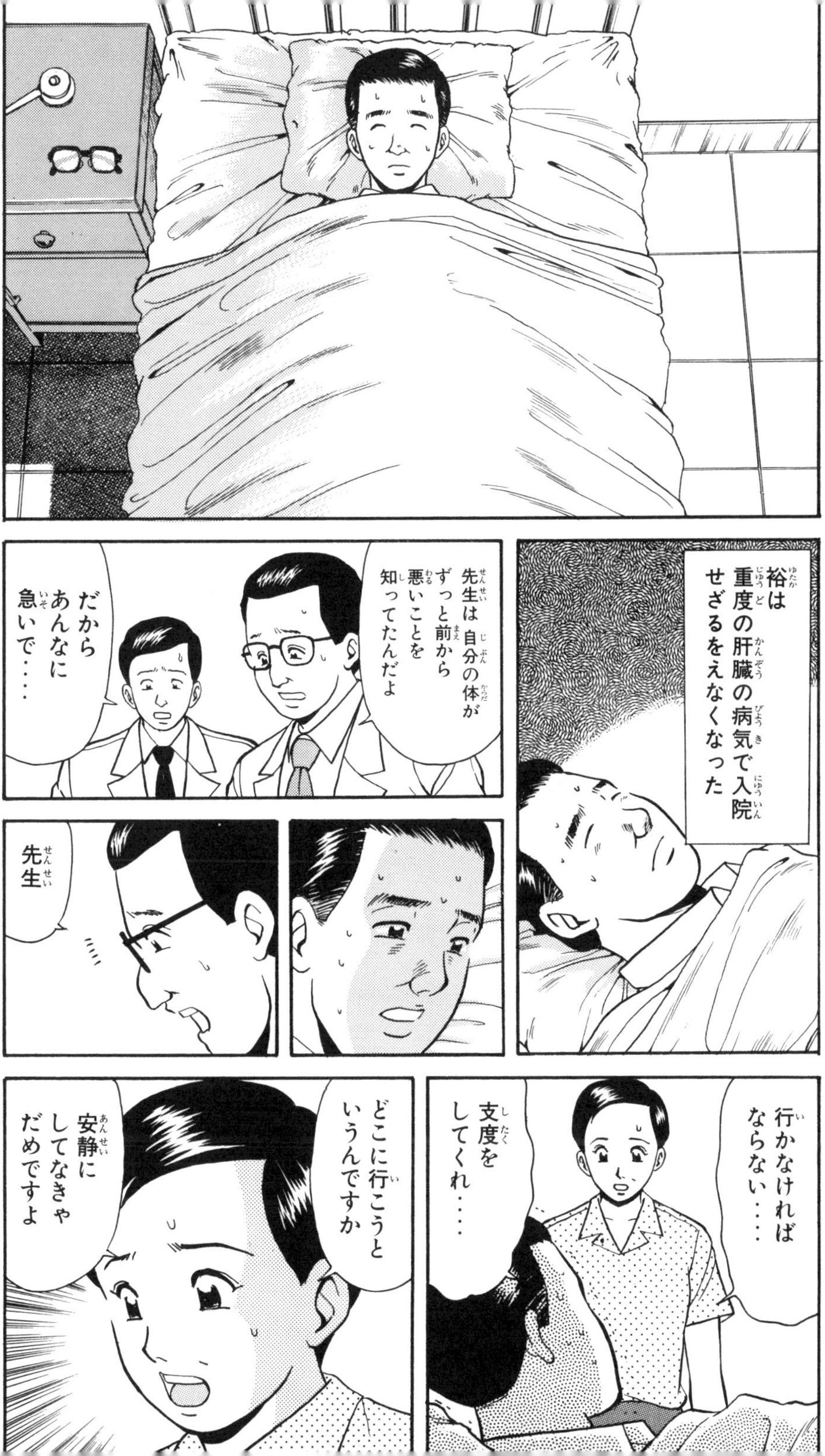
裕《ゆたか》は重度《じゅうど》の肝臓《かんぞう》の病気《びょうき》で入院《にゅういん》せざるをえなくなった
先生《せんせい》は自分《じぶん》の体《からだ》がずっと前《まえ》から悪《わる》いことを知《し》ってたんだよ
だからあんなに急《いそ》いで・・・・
先生《せんせい》
行《い》かなければならない・・・・
支度《したく》をしてくれ・・・・
どこに行《い》こうというんですか
安静《あんせい》にしてなきゃだめですよ

飛行機《ひこうき》にまにあわない
急《いそ》がないと‥‥
もういいですよ先生《せんせい》
先生《せんせい》は働《はたら》きすぎなんです!!
これがいい機会《きかい》ですよ
お願《ねが》いですから休《やす》んで下《くだ》さい!!
早《はや》く行《い》かないと‥‥
そうだ‥‥おとといの21日《にち》からイギリスで障《しょう》がい者《しゃ》の国際《こくさい》スポーツ大会《たいかい》が始《はじ》まっているんだ‥‥
それに先生《せんせい》は出席《しゅっせき》するはずだったんだよ

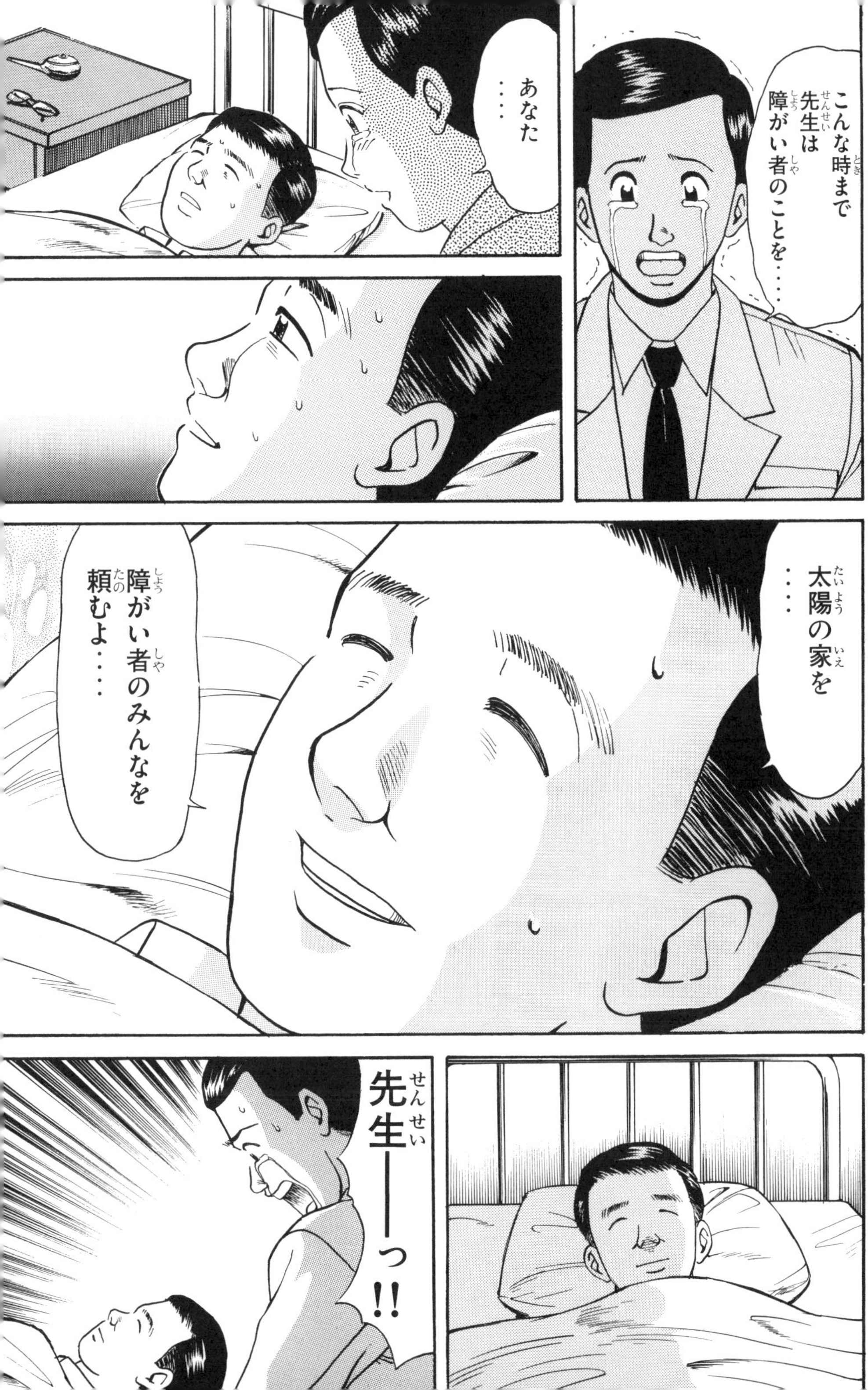
こんな時《とき》まで先生《せんせい》は障《しょう》がい者《しゃ》のことを……
あなた……
太陽《たいよう》の家《いえ》を……
障《しょう》がい者《しゃ》のみんなを頼《たの》むよ……
先生《せんせい》──っ!!

裕《ゆたか》はそのまま
二度《にど》と目《め》をさますことは
なかった・・・・
1984年《ねん》
7月《がつ》23日《にち》 裕《ゆたか》57歳《さい》の
ことだった
裕《ゆたか》の悲報《ひほう》は
イギリスのスポーツ大会《たいかい》の
会場《かいじょう》に伝《つた》えられた
今日《きょう》・・・・
偉大《いだい》な
日本《にっぽん》の医師《いし》が
亡《な》くなられました・・・・
そんな・・・・
あんなに元気《げんき》だったじゃないか・・・・なんで・・・・
わああああ
先生《せんせい》は自分《じぶん》の病気《びょうき》がどのくらいひどいか知《し》ってたんだよ
でもそれをかくして僕達《ぼくたち》のためにつくしてくれたんだ・・・・

世界中《せかいじゅう》の障《しょう》がい者《しゃ》のために
人生《じんせい》のすべてをささげ
彼《かれ》らに生《い》きる希望《きぼう》と
勇気《ゆうき》をあたえた偉大《いだい》な医師《いし》
中村裕《なかむらゆたか》の死《し》をいたみ・・・・
会場《かいじょう》では
半旗《はんき》が
かかげられ
世界中《せかいじゅう》の選手《せんしゅ》・観衆《かんしゅう》すべてが
一分《ぷん》間《かん》の黙《もく》とうをささげた
のである

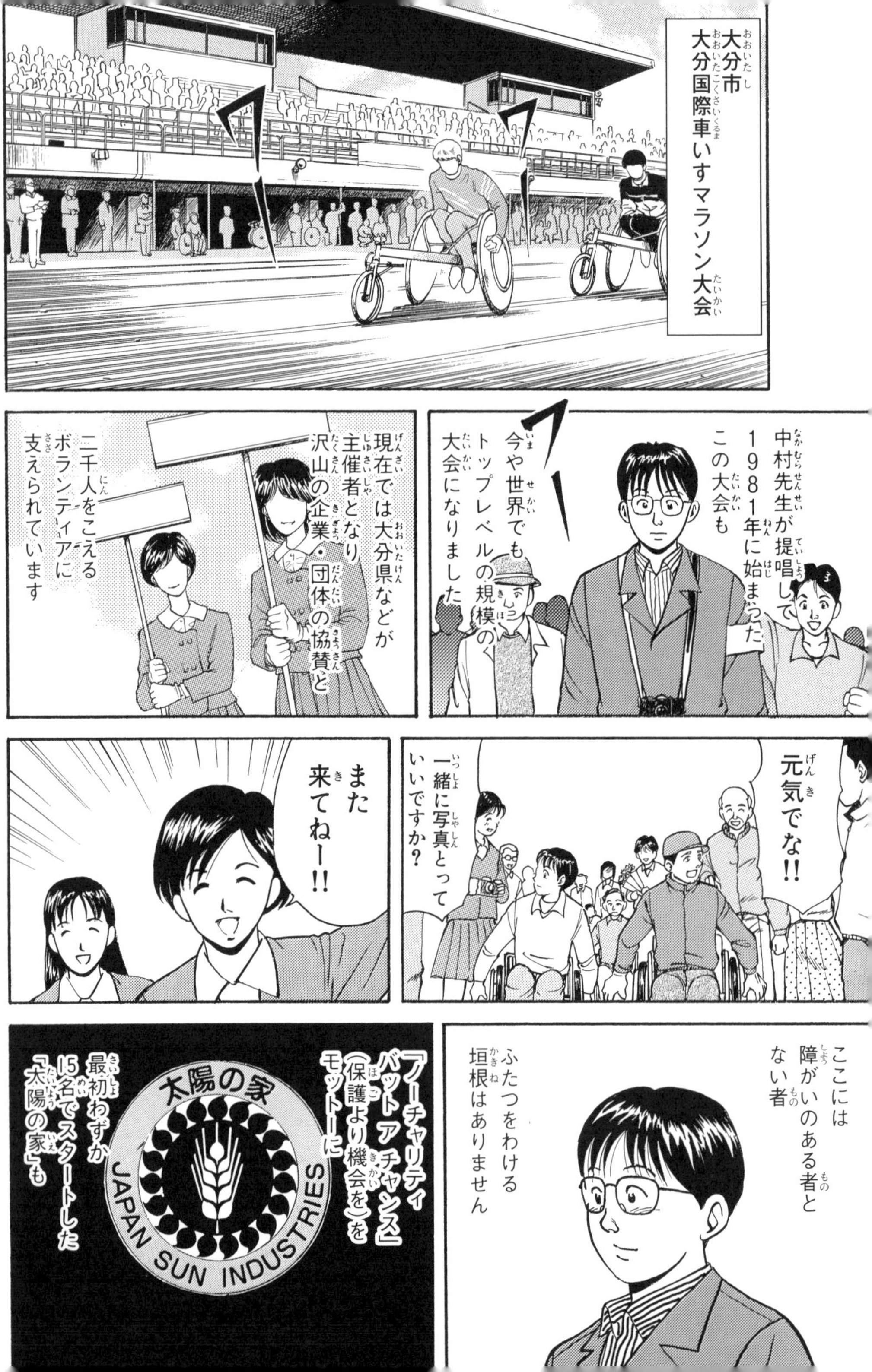

大分市《おおいたし》
大分国際車《おおいたこくさいくるま》いすマラソン大会《たいかい》
中村先生《なかむらせんせい》が提唱《ていしょう》して
1981年《ねん》に始《はじ》まった
この大会《たいかい》も
今《いま》や世界《せかい》でも
トップレベルの規模《きぼ》の
大会《たいかい》になりました
現在《げんざい》では大分県《おおいたけん》などが
主催者《しゅさいしゃ》となり
沢山《たくさん》の企業《きぎょう》・団体《だんたい》の協賛《きょうさん》と
二千人《にん》をこえる
ボランティアに
支《ささ》えられています
元気《げんき》でな!!
一緒《いっしょ》に写真《しゃしん》とって
いいですか?
また
来《き》てねー!!
ここには
障《しょう》がいのある者《もの》と
ない者《もの》
ふたつをわける
垣根《かきね》はありません
「ノーチャリティ
バット アチャンス」
（保護《ほご》より機会《きかい》を）を
モットーに
最初《さいしょ》わずか
15名《めい》でスタートした
「太陽《たいよう》の家《いえ》」も
太陽の家
JAPAN SUN INDUSTRIES

2018年《ねん》には
千名《めい》をこえる
障《しょう》がい者《じゃ》と
約《やく》七百人《にん》の
健常者《けんじょうしゃ》の働《はたら》く
工場《こうじょう》となっています
その太陽《たいよう》の家《いえ》の歩《あゆ》みを追《お》うように
※障害者雇用促進《しょうがいしゃこようそくしん》のための法律《ほうりつ》も整備《せいび》されてきました
しかし法律《ほうりつ》にそって障《しょう》がい者《しゃ》を雇用《こよう》している企業《きぎょう》はまだ半数《はんすう》にすぎません
学校《がっこう》の現場《げんば》でも車《くるま》いすで普通学級《ふつうがっきゅう》に通学《つうがく》することを拒否《きょひ》された少女《しょうじょ》のニュースなど
改善《かいぜん》がまたれる問題《もんだい》も多《おお》く残《のこ》っています
同《おな》じ時代《じだい》を生《い》きるわれわれ健常者《けんじょうしゃ》と障《しょう》がい者《しゃ》をわける目《め》に見《み》えない垣根《かきね》があるとしたら
これをとりさるのはわれわれに残《のこ》された仕事《しごと》かもしれません
中村先生《なかむらせんせい》が夢見《ゆめみ》た社会《しゃかい》にするために
私達《わたしたち》にもできることが・・・・

※障害者《しょうがいしゃ》の雇用《こよう》の促進等《そくしんとう》に関《かん》する法律《ほうりつ》・・・民間企業《みんかんきぎょう》で2.2パーセント、国《くに》・地方公共団体等《ちほうこうきょうだんたいとう》で2.5パーセント、都道府県等《とどうふけんとう》の教育委員会《きょういくいいんかい》で2.4パーセントの障《しょう》がい者《しゃ》を雇用《こよう》しなければならない（平成《へいせい》30年《ねん》4月《がつ》より）。

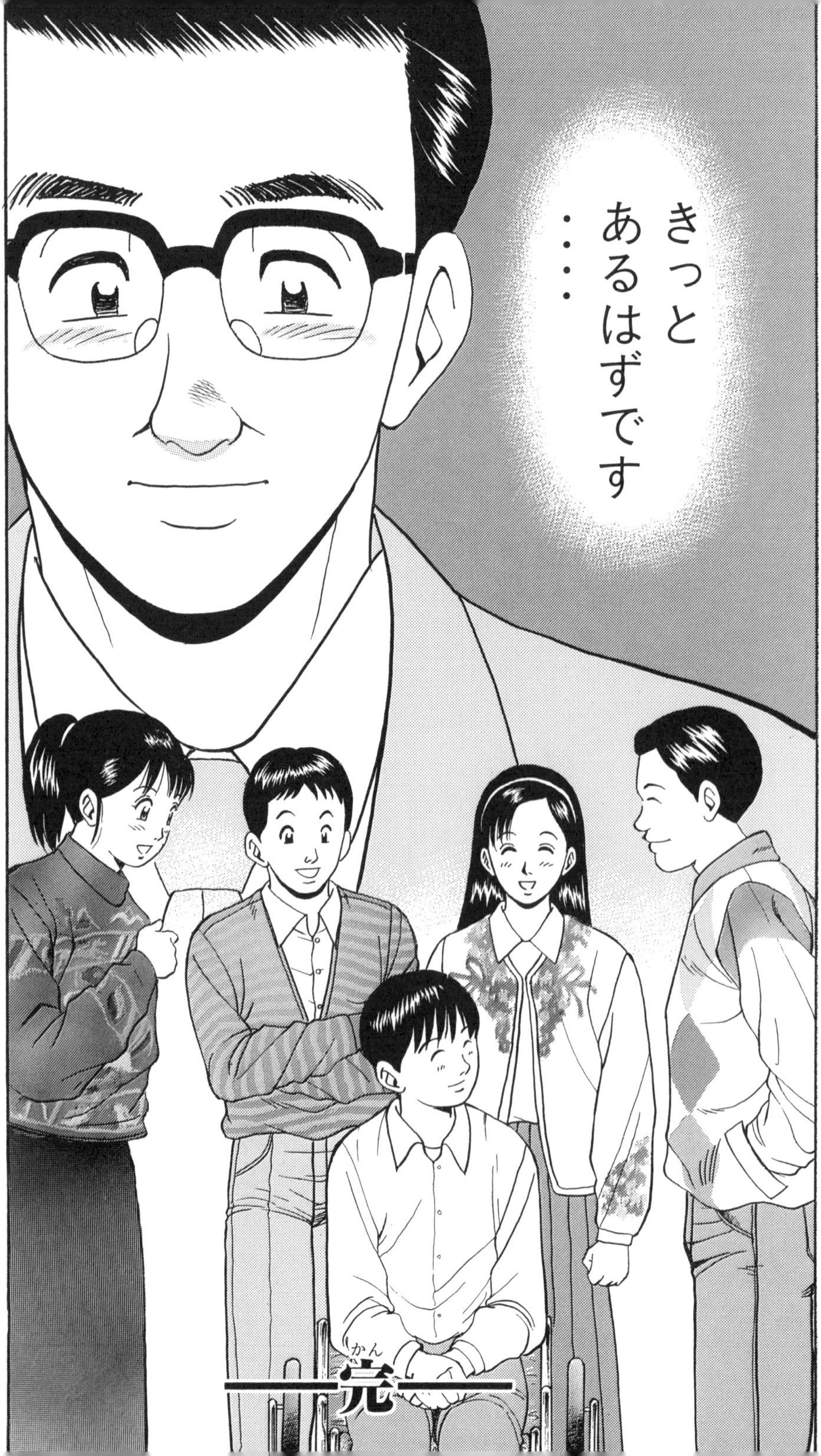

きっと
あるはずです
・・・・
─完《かん》─

「太陽《たいよう》の仲間《なかま》たちよ」解説《かいせつ》

保護《ほご》より機会《きかい》を！

社会福祉法人《しゃかいふくしほうじん》太陽《たいよう》の家《いえ》
元理事長《もとりじちょう》　畑田和男《はただかずお》

中村裕博士《なかむらゆたかはくし》は、昭和《しょうわ》2年《ねん》（1927年《ねん》）3月《がつ》31日《にち》、大分県別府市《おおいたけんべっぷし》に父《ちち》・亀市氏《かめいちし》、母《はは》・八重氏《やえし》の次男《じなん》として生《う》まれた。亀市氏《かめいちし》も医師《いし》であり、長男《ちょうなん》も三男《さんなん》もともに医学《いがく》の道《みち》に進《すす》んだ医者一家《いしゃいっか》である。

昭和《しょうわ》27年《ねん》、九州大学医学部整形外科医局《きゅうしゅうだいがくいがくぶせいけいげかいきょく》に入《はい》り、恩師天児民和教授《おんしあまこたみかずきょうじゅ》に出会《であ》うこととなる。

当時《とうじ》は、まだ「リハビリテーション」という言葉《ことば》は、日本《にっぽん》ではなじみがないものであったが、天児教授《あまこきょうじゅ》から「最近《さいきん》、欧米《おうべい》では、リハビリテーションということがさかんなようだから、きみ、ひとつ研究《けんきゅう》してみないか」とすすめられ、以後一生《いごいっしょう》をその道《みち》にささげることになる。

整形外科医《せいけいげかい》だった中村裕博士《なかむらゆたかはくし》。

私《わたし》が初《はじ》めて中村先生《なかむらせんせい》にお会《あ》いしたのは、昭和《しょうわ》35年《ねん》9月《がつ》、整形外科医《せいけいげかい》として勤務《きんむ》することになった国立別府病院《こくりつべっぷびょういん》の整形外科科長《せいけいげかかちょう》としてであった。その後《ご》、先生《せんせい》が他界《たかい》されるまでの24年間《ねんかん》、ともに障《しょう》がい者《しゃ》のリハビリテーションにかかわり、先生《せんせい》のおこされた事業《じぎょう》の多《おお》くを引《ひ》きつぎ、理想実現《りそうじつげん》のため努《つと》めている。

真《しん》のリハビリテーションとは何《なに》か

中村先生《なかむらせんせい》は天児教授《あまこきょうじゅ》のすすめもあって、昭和《しょうわ》35年《ねん》（1960年《ねん》）、7か月間《げつかん》にわたり、アメリカ・ヨーロッパのリハビリテーションの実情《じつじょう》を視察研修《しさつけんしゅう》し、日本《にっぽん》と西欧諸国《せいおうしょこく》のあまりの大《おお》きなギャップに愕然《がくぜん》として帰国《きこく》した。とくにイギリスの国立脊髄損傷《こくりつせきずいそんしょう》センターの院長《いんちょう》グットマン博士《はくし》の医療《いりょう》の方法《ほうほう》に強《つよ》い衝撃《しょうげき》をうけ、日本《にっぽん》の立《た》ち遅《おく》れに猛然《もうぜん》と挑戦《ちょうせん》を開始《かいし》することになる。

中村先生《なかむらせんせい》は当時《とうじ》のことを次《つぎ》のように回想《かいそう》している。

「その治療《ちりょう》というのが、われわれのいままで習《なら》ってきたものとはまったく違《ちが》っていましたからね。日本《にっぽん》だと、骨《ほね》なら骨《ほね》を立派《りっぱ》につなげばそれで名医《めいい》の評価《ひょうか》がえられる。しかし、向《む》こうはそうじゃない。患者《かんじゃ》が完全《かんぜん》に社会復帰《しゃかいふっき》できるまで面倒《めんどう》をみるのが医療《いりょう》である。……たとえば脊髄損傷患者《せきずいそんしょうかんじゃ》だと、当時《とうじ》の日本《にっぽん》だと生《い》ける屍《しかばね》とみられていた。ところが、あちらだと6か月《げつ》で85パーセントの人《ひと》が社会《しゃかい》に復帰《ふっき》し就職《しゅうしょく》しているんです。……そして私《わたし》が最《もっと》も感心《かんしん》したのが、日本《にっぽん》の医師《いし》と看護婦《かんごふ》だけの回診《かいしん》ではなく、ケースワーカーや労働省《ろうどうしょう》からきた身障者《しんしょうしゃ》の就職専門斡旋員《しゅうしょくせんもんあっせんいん》のような人《ひと》たちも加《くわ》えたチームで回診《かいしん》を行《おこな》い、病気《びょうき》の治療《ちりょう》だけでなく、労働者《ろうどうしゃ》としての人間的《にんげんてき》な教育《きょういく》や訓練《くんれん》をしながら、患者《かんじゃ》を社会《しゃかい》に送《おく》り出《だ》す。というシステムでした」（『中村裕伝《なかむらゆたかでん》』より）

すでに、ストーク・マンデビル大会《たいかい》として、車《くるま》いすの国際《こくさい》スポーツ大会《たいかい》を開催《かいさい》していたグットマン博士《はくし》の〝手術《しゅじゅつ》よりスポーツ〟によるリハビリテーションが、多《おお》くの社会復帰者《しゃかいふっきしゃ》を出《だ》している根源《こんげん》とつきとめ、熱心《ねっしん》な普及《ふきゅう》に尽力《じんりょく》した。

グットマン博士《はくし》と中村先生《なかむらせんせい》。

太陽《たいよう》の家《いえ》創設《そうせつ》

国立別府病院《こくりつべっぷびょういん》では、脊損患者《せきそんかんじゃ》を多《おお》くかかえていたが、彼《かれ》らの就職《しゅうしょく》の道《みち》はなく退院《たいいん》もできない状態《じょうたい》にあった。

中村先生《なかむらせんせい》は、作家《さっか》の水上勉《みずかみつとむ》氏《し》に協力《きょうりょく》を依頼《いらい》し、昭和《しょうわ》40年《ねん》（1965年《ねん》）10月《がつ》、「太陽《たいよう》の家《いえ》」を創設《そうせつ》した。

保護《ほご》や慈善《じぜん》にたよる日本《にっぽん》の福祉《ふくし》を変《か》えなければならないとの一心《いっしん》であった。

「チャリティより機会《きかい》を」をモットーにした。

社会《しゃかい》に対《たい》しては「世《よ》に心身障《しんしんしょう》がい者《しゃ》はあっても仕事《しごと》の障《しょう》がいはありえない。太陽《たいよう》の家《いえ》の社員《しゃいん》は被護者《ひごしゃ》ではなく労働者《ろうどうしゃ》であり、後援者《こうえんしゃ》は投資者《とうししゃ》である」と啓蒙《けいもう》し、仕事《しごと》の提供者《ていきょうしゃ》を探《さが》しまわる日々《ひび》が続《つづ》いた。

単《たん》なる同情《どうじょう》や保護《ほご》だけでは、身障者《しんしょうしゃ》の真《しん》の幸福《こうふく》はえられない。残存機能《ざんぞんきのう》を十分《じゅうぶん》にいかして、みずから社会《しゃかい》に溶《と》けこむ意志力《いしりょく》と実力《じつりょく》を育《そだ》てることが最《もっと》も大切《たいせつ》なことであると判断《はんだん》し、障《しょう》がい者《しゃ》に対《たい》しては叱咤激励《しったげきれい》をした。

一方《いっぽう》、これらの理想《りそう》を達成《たっせい》するためには、単《たん》なる医学《いがく》のみならず、機械工学《かいこうがく》・建築学《けんちくがく》・経営学《けいえいがく》・心理学《しんりがく》その他《ほか》あらゆる科学《かがく》の力《ちから》を総合《そうごう》してフルに活用《かつよう》し、残《のこ》った機能《きのう》を十二分《じゅうにぶん》に発揮《はっき》することのできる環境《かんきょう》と機会《きかい》をつくることが必要《ひつよう》であり、日夜《にちや》その目的《もくてき》に向《む》かって奔走《ほんそう》することとなる。

当初《とうしょ》は、簡単《かんたん》な竹工芸《たけこうげい》や木工《もっこう》といった利益《りえき》の少《すく》ない仕事《しごと》しかなく、自立《じりつ》するには遠《とお》い道程《どうてい》だと思《おも》われた。

昭和《しょうわ》46年《ねん》、国《くに》が「福祉工場《ふくしこうじょう》」という政策《せいさく》を発表《はっぴょう》し、社会復帰《しゃかいふっき》の場《ば》づくりが始《はじ》まった。

太陽《たいよう》の家《いえ》の開所式《かいしょしき》（1965年《ねん》）。

工場《こうじょう》ができても竹工芸《たけこうげい》や木工《もっこう》では話《はなし》にならない。最《もっと》も近代的先端産業《きんだいてきせんたんさんぎょう》で社会復帰《しゃかいふっき》させたいと願《ねが》う中村先《なかむらせん》生《せい》は、評論家《ひょうろんか》の秋山《あきやま》ちえ子女史《こじょし》をさそって、オムロン㈱（当時《とうじ》は立石電機《たていしでんき》㈱）の社長室《しゃちょうしつ》を訪問《ほうもん》した。立石《たていし》一真《かずま》社長《しゃちょう》もまた偉大《いだい》な経営者《けいえいしゃ》だった。自社《じしゃ》の社憲《しゃけん》〝われわれの働《はたら》きで、われわれの生活《せいかつ》を向上《こうじょう》し、よりよい社会《しゃかい》をつくりましょう〟にてらして、受《う》けいれることを決《き》めたのだと思《おも》われる。

新《あたら》しい会社《かいしゃ》、オムロン太陽株式会社《たいようかぶしきがいしゃ》をつくることで握手《あくしゅ》がかわされた。

この会社《かいしゃ》に選《えら》ばれて働《はたら》くことになった重度《じゅうど》の障《しょう》がいをもった人《ひと》たちは、もし会社《かいしゃ》をつぶすようなことがあれば、日本中《にっぽんじゅう》の障《しょう》がい者《しゃ》が駄目人間《だめにんげん》のレッテルをはられるという決意《けつい》で、必死《ひっし》にがんばった。1年目《ねんめ》から黒字《くろじ》を出《だ》した業績《ぎょうせき》によって、ソニー・太陽《たいよう》㈱、ホンダ太陽《たいよう》㈱、三菱商事《みつびししょうじ》太陽《たいよう》㈱、デンソー太陽《たいよう》㈱、オムロン京都太陽《きょうとたいよう》㈱、ホンダアールアンドデー太陽《たいよう》㈱とつぎつぎに共同出資会社《きょうどうしゅっしがいしゃ》を設立《せつりつ》することになった。

また昭和《しょうわ》59年《ねん》には、誘致《ゆうち》されて愛知県蒲郡市《あいちけんがまごおりし》に愛知太陽《あいちたいよう》の家《いえ》、京都市《きょうとし》に京都太陽《きょうとたいよう》の家《いえ》を開設《かいせつ》し、障《しょう》がい者《しゃ》の数《かず》は、1030人《にん》となった。その半数《はんすう》以上《いじょう》は、雇用労働者《こようろうどうしゃ》となり、税金《ぜいきん》を消費《しょうひ》する立場《たちば》から、納税者《のうぜいしゃ》となった。

1981年《ねん》の国際障害者年《こくさいしょうがいしゃねん》、近年《きんねん》の日本《にっぽん》の高度《こうど》な経済成長《けいざいせいちょう》を追《お》い風《かぜ》に、太陽《たいよう》の家《いえ》がめざしてきたものが、加速《かそく》されて実現《じつげん》できたという背景《はいけい》はあるものの、明確《めいかく》にいえることは、どんなに法制度《ほうせいど》が整備《せいび》されようと、重度《じゅうど》の障《しょう》がいをもつ人々《ひとびと》の人間《にんげん》としての幸福《こうふく》、普通《ふつう》の生活《せいかつ》は、保障《ほしょう》されるものではないという現実《げんじつ》である。

福祉予算《ふくしよさん》がたくさんついて、お金《かね》を多《おお》く出《だ》せばどんな立派《りっぱ》な建物《たてもの》でも建《た》

1972年《ねん》に設立《せつりつ》されたオムロン太陽《たいよう》の生産《せいさん》ライン。

てることはできる。しかし、そこに住《す》む人《ひと》たちがすべて心《こころ》ゆたかにすごせるとは限《かぎ》らない。

太陽《たいよう》の家《いえ》の共同出資会社《きょうどうしゅっしがいしゃ》の多《おお》くは、施設入所者《しせつにゅうしょしゃ》だった重度障《じゅうどしょう》がい者《しゃ》が、取締役工場長《とりしまりやくこうじょうちょう》となっており、経営《けいえい》に参画《さんかく》し、立派《りっぱ》に企業人《きぎょうじん》として社会的使命《しゃかいてきしめい》をはたしているのである。

どんな障《しょう》がいがあろうと、自立《じりつ》しようという強《つよ》い意志《いし》と実力《じつりょく》を養成《ようせい》し、適切《てきせつ》な環境《かんきょう》と平等《びょうどう》な機会《きかい》をあたえれば、普通《ふつう》の社会人《しゃかいじん》として、生《い》きがいのある生活《せいかつ》と、社会《しゃかい》に対《たい》する貢献《こうけん》ができることを太陽《たいよう》の家《いえ》29年《ねん》の歴史《れきし》が証明《しょうめい》している。

中村先生《なかむらせんせい》の理念《りねん》を顕彰《けんしょう》するため、昭和《しょうわ》62年《ねん》4月《がつ》、中村裕記念身体障害者福祉財団《なかむらゆたかきねんしんたいしょうがいしゃふくしざいだん》が設立《せつりつ》され、中村廣子夫人《なかむらひろこふじん》を理事長《りじちょう》として、障《しょう》がい者《しゃ》の医療《いりょう》・職業《しょくぎょう》・スポーツなどに関《かん》する研究団体《けんきゅうだんたい》に対《たい》して、助成《じょせい》が行《おこな》われている（※）。

身障者《しんしょうしゃ》スポーツは社会参加《しゃかいさんか》の早道《はやみち》

昭和《しょうわ》30年代《ねんだい》は、身障者《しんしょうしゃ》スポーツの普及《ふきゅう》においても、社会《しゃかい》の厚《あつ》い壁《かべ》にはばまれていた。「私《わたし》は帰国《きこく》してすぐ、昭和《しょうわ》36年《ねん》、日本《にっぽん》ではじめて、大分県身体障害者体育協会《おおいたけんしんたいしょうがいしゃたいいくきょうかい》をつくりまして、第《だい》1回大会《かいたいかい》をやったのです。……バスケットボールなんかは、相手《あいて》が足《た》りなくて、われわれが車《くるま》いすにのって相手《あいて》したほどです。……マスコミは半分以上《はんぶんいじょう》が猛反対《もうはんたい》でした。身障者《しんしょうしゃ》を大勢《おおぜい》の人《ひと》の前《まえ》にさらすなんて、おまえはそれでも医者《いしゃ》かといわれたのを覚《おぼ》えています。しかし私《わたし》は外国《がいこく》の実態《じったい》を見《み》ていましたから、そのうちにわかってもらえるということで続《つづ》けました。

そのようにしてがんばりまして、昭和《しょうわ》39年《ねん》に東京《とうきょう》パラリンピックの誘致《ゆうち》に成功《せいこう》したんです」（整形《せいけい》・災害外科《さいがいげか》第《だい》24巻《かん》第《だい》3号《ごう》より）と中村先生《なかむらせんせい》は述懐《じゅっかい》している。

※財団《ざいだん》は平成《へいせい》21年《ねん》（2009年《ねん》）に解散《かいさん》となった。その後《ご》は太陽《たいよう》の家《いえ》が引《ひ》きつぎ、障《しょう》がい者《しゃ》スポーツの振興《しんこう》や障《しょう》がい者《しゃ》の自立《じりつ》・社会参加《しゃかいさんか》の支援《しえん》などの事業《じぎょう》を行《おこな》っている。

日本《にっぽん》の障《しょう》がい者《しゃ》スポーツはここに原点《げんてん》があったといっても過言《かごん》ではない。
東京《とうきょう》パラリンピックにおいても、私《わたし》たちは選手《せんしゅ》から多《おお》くのことを学《まな》んだ。

「東京《とうきょう》パラリンピックは、22か国《こく》から集《あつ》まったのですが、日本《にっぽん》は、ホスト・カントリーなのに選手《せんしゅ》は50人《にん》しかいませんでした。……入院患者《にゅういんかんじゃ》がパジャマを脱《ぬ》いで、スポーツウエアを着《き》てやったわけですから、競《きょう》技《ぎ》もろくにできないんです。……夜《よる》は代々木《よよぎ》の選手村《せんしゅむら》で、みんな看護婦《かんごふ》の付《つ》きそいがついているんです。つまり自立《じりつ》できていないんです。大小便《だいしょうべん》の始末《しまつ》から、何《なに》から何《なに》までぜんぶ付《つ》きそいにやってもらっているんです。

1964年東京《ねんとうきょう》パラリンピックでの選手宣誓《せんしゅせんせい》。

ところが外国《がいこく》の選手《せんしゅ》は、みんな就職《しゅうしょく》しているような人《ひと》ばかりですから、小便《しょうべん》でも自己導尿《じこどうにょう》をやるし、じつに見事《みごと》なものでした。付《つ》きそいもなくてひとりできたという人《ひと》がほとんどです。うらやましかったですね。いわゆるメディカル・リハビリテーションの差《さ》がそれほどまでに大《おお》きいということが、22か国《こく》から集《あつ》まった身障者《しんしょうしゃ》をみて如実《にょじつ》にわかったんです」

東京《とうきょう》パラリンピックでの経験《けいけん》と学習《がくしゅう》は、10年後《ねんご》の昭和《しょうわ》50年《ねん》（1975年《ねん》）6月《がつ》、第《だい》1回《かい》フェスピック大会《たいかい》（極東《きょくとう》・南太平洋身体障害者《みなみたいへいようしんたいしょうがいしゃ》スポーツ大会《たいかい》）の開催《かいさい》によって花開《はなひら》いた。

それまで国際《こくさい》スポーツ大会《たいかい》といえば、車《くるま》いす使用者《しようしゃ》に限《かぎ》られていたが、この大会《たいかい》は、あらゆる障《しょう》がい者《しゃ》が参加《さんか》したスポーツ大会《たいかい》として歴史的《れきしてき》に高《たか》い評価《ひょうか》を受《う》けている。

中村先生《なかむらせんせい》はその理念《りねん》を次《つぎ》のように語《かた》っている。

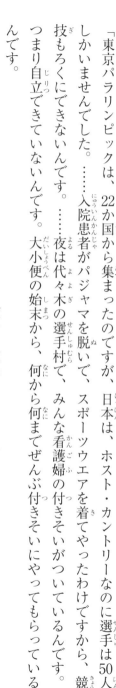

「東京《とうきょう》でやらずに大分《おおいた》なんかの田舎《いなか》でやったということは、オリンピックもそうですし、身障者《しんしょうしゃ》の国体《こくたい》を見《み》てもそうですが、非常《ひじょう》に派手《はで》で、ゲームそのものを一生懸命《いっしょうけんめい》にやらず、お祭《まつ》りさわぎを日本《にっぽん》はしたがる。どうも体育《たいいく》とかスポーツというものに、だんだん縁《えん》が遠《とお》くなっている。だれのために身障者《しんしょうしゃ》のオリンピックがやられるのか、メインゲストは身障者《しんしょうしゃ》であるということを忘《わす》れておるのではないかと、私《わたし》はときどき、苦言《くげん》を呈《てい》するのです」（四国太陽新聞第《しこくたいようしんぶんだい》8号《ごう》）

まさに中村先生《なかむらせんせい》の真骨頂《しんこっちょう》だと思《おも》われる。

スポーツは協調性《きょうちょうせい》を養《やしな》い、忍耐《にんたい》と、がんばりぬく精神《せいしん》をつちかう、医療《いりょう》でははたしえないすぐれた部分《ぶぶん》をもっている。大会《たいかい》を企画《きかく》し、目標《もくひょう》をもって練習《れんしゅう》にはげむことが、社会復帰《しゃかいふっき》を早《はや》める最大《さいだい》の方法《ほうほう》として、現在《げんざい》もねばり強《づよ》く続《つづ》けているところである。

昭和《しょうわ》55年《ねん》（１９８０年《ねん》）、国際障害者年《こくさいしょうがいしゃねん》を前《まえ》に、太陽《たいよう》の家《いえ》では、仕事《しごと》の余暇《よか》を使《つか》ってのスポーツ活動《かつどう》も定着《ていちゃく》し、基礎体力《きそたいりょく》もついてきたので、別府大分毎日《べっぷおおいたまいにち》マラソンに車《くるま》いすで参加《さんか》しようという気運《きうん》が高《たか》まっていた。大会事務局《たいかいじむきょく》と再三《さいさん》にわたって交渉《こうしょう》をもったが、諸般《しょはん》の事情《じじょう》で同時《どうじ》レースは不可能《ふかのう》という結論《けつろん》となった。

それでは車《くるま》いすだけのマラソン大会《たいかい》をやろう。どうせやるなら世界中《せかいじゅう》から選手《せんしゅ》を呼《よ》ぼうという中村流《なかむらりゅう》の大会《たいかい》として生《う》まれたのが、大分国際車《おおいたこくさいくるま》いすマラソン大会《たいかい》である。

94年《ねん》で14回目《かいめ》を迎《むか》えることになったが、10万人《まんにん》の沿道《えんどう》の応援《おうえん》にはげまされながら、選手《せんしゅ》がたくましく疾走《しっそう》する姿《すがた》を見《み》るにつけ、みんな立派《りっぱ》な

第《だい》1回大分国際車《かいおおいたこくさいくるま》いすマラソン大会《たいかい》（1981年《ねん》）。

社会人《しゃかいじん》になってきたものだと感慨深《かんがいぶか》いものがある。

国際協力《こくさいきょうりょく》

障《しょう》がい者問題《しゃもんだい》に国境《こっきょう》はない。つねに国際的《こくさいてき》な視野《しや》で物事《ものごと》を見《み》つめていた中村先生《なかむらせんせい》の持論《じろん》であった。太陽《たいよう》の家《いえ》の経営《けいえい》、各種《かくしゅ》スポーツ大会《たいかい》の開催《かいさい》など、いつも社会《しゃかい》の無理解《むりかい》のための厚《あつ》い壁《かべ》にぶつかり、そのつど、何《なん》とかハードルをクリアーしてきた経験《けいけん》から、発展途上《はってんとじょう》の国々《くにぐに》の障《しょう》がい者問題《しゃもんだい》も関心《かんしん》をもって援助《えんじょ》してきた。

職業訓練《しょくぎょうくんれん》については、韓国《かんこく》・中国《ちゅうごく》・フィリピン・タイ・インドネシアなどからの障《しょう》がい者《しゃ》を、太陽《たいよう》の家《いえ》の宿舎《しゅくしゃ》に泊《と》めて研修《けんしゅう》した。スポーツ大会《たいかい》には旅費《りょひ》を援助《えんじょ》して参加《さんか》してもらう配慮《はいりょ》を忘《わす》れなかった。

その伝統《でんとう》と精神《せいしん》は、いまも脈々《みゃくみゃく》として太陽《たいよう》の家《いえ》の運営《うんえい》に受《う》けつがれている。

今年《ことし》9月4日《がつよっか》から中華人民共和国《ちゅうかじんみんきょうわこく》・北京市《ペキンし》において第《だい》6回《かい》フェスピック・北京大会《ペキンたいかい》が開催《かいさい》される。ぜひ参加《さんか》してほしい発展途上国《はってんとじょうこく》の中《なか》には、旅費《りょひ》の捻出《ねんしゅつ》ができないで、参加《さんか》を辞退《じたい》するところが多《おお》くある。そこで、私《わたし》たちは「フェスピックへの参加《さんか》を支援《しえん》する会《かい》」を結成《けっせい》して、何《なん》とか支援《しえん》することはできないものかと募金活動《ぼきんかつどう》を行《おこな》っている。

国際貢献《こくさいこうけん》がさけばれている中《なか》で、障《しょう》がいをもち、恵《めぐ》まれない環境《かんきょう》にいる人々《ひとびと》のために、平和《へいわ》と人間愛《にんげんあい》にみちた活動《かつどう》を、日本人《にほんじん》のひとりとして推進《すいしん》したいと念願《ねんがん》するものである。

中村先生《なかむらせんせい》は、ひとつの歴史《れきし》をきりひらいてきた。私《わたし》も先生亡《せんせいな》き後《あと》10年《ねん》、その遺志《いし》を引《ひ》きついで、多《おお》くの事業《じぎょう》にたずさわっているが、障《しょう》がいある人《ひと》たちとともに歩《ある》ける喜《よろこ》びを享受《きょうじゅ》できて何《なに》よりの幸福《こうふく》と思《おも》っている。

（1994年《ねん》6月《がつ》17日執筆《にちしっぴつ》。筆者《ひっしゃ》は2017年没《ねんぼつ》）

パラリンピックの競技《きょうぎ》

障《しょう》がいのためできないことや危険《きけん》なことはあるが、それぞれの能力《のうりょく》を最大限《さいだいげん》に発揮《はっき》できるようにルールや用具《ようぐ》が工夫《くふう》されている。

夏季《かき》

陸上競技《りくじょうきょうぎ》

＊肢体不自由《したいふじゆう》、知的障《ちてきしょう》がい、視覚障《しかくしょう》がいの選手《せんしゅ》が出場《しゅつじょう》。より公平《こうへい》に競《きそ》えるよう、障《しょう》がいの種類《しゅるい》や程度《ていど》によってクラスに分《わ》かれて競技《きょうぎ》する。夏季《かき》競技《きょうぎ》の中《なか》で種目数《しゅもくすう》はもっとも多《おお》い。車《くるま》いす競技《きょうぎ》では「レーサー」と呼《よ》ばれる軽《かる》くてスピードが出《で》る車《くるま》いすを使用《しよう》。伴走者《ばんそうしゃ》と走《はし》る視覚障《しかくしょう》がいの選手《せんしゅ》もいる。パラリンピックのみの種目《しゅもく》としてこん棒投《ぼうな》げもある。

自転車競技《じてんしゃきょうぎ》

肢体不自由《したいふじゆう》と視覚障《しかくしょう》がいが対象《たいしょう》。＊下肢《かし》に障《しょう》がいのある人《ひと》は、義足《ぎそく》を使《つか》うか、手《て》でこぐハンドサイクル、平衡感覚《へいこうかんかく》に障《しょう》がいがある人《ひと》はバランスのとりやすい三《さん》輪自転車《りんじてんしゃ》、視覚障《しかくしょう》がい者《しゃ》は前《まえ》の席《せき》に目《め》の見《み》える人《ひと》が乗《の》るタンデムバイクを使《つか》う。屋内《おくない》では短距離《たんきょり》や個人追《こじんお》い抜《ぬ》き、屋外《おくがい》では中《ちゅう》・長距離《ちょうきょり》やリレーなどが行《おこな》われる。

＊下肢《かし》：脚《あし》（足《あし》）のこと。股関節《こかんせつ》から足《あし》の指《ゆび》までをさす。

視覚障《しかくしょう》がい者《しゃ》のタンデムバイク。前《まえ》の席《せき》に乗《の》る人《ひと》と一緒《いっしょ》に競技《きょうぎ》する。

水泳《すいえい》

肢体不自由《したいふじゆう》、知的障《ちてきしょう》がい、視覚障《しかくしょう》がいの選手《せんしゅ》が参加《さんか》。選手《せんしゅ》は義足《ぎそく》などの補助具《ほじょぐ》をいっさい使《つか》わず、残《のこ》された機能《きのう》を使《つか》って自分《じぶん》なりの泳《およ》ぎ方《かた》を工夫《くふう》し、ゴールをめざす。種目《しゅもく》は自由形《じゆうがた》、平泳《ひらおよ》ぎ、背泳《せおよ》ぎ、バタフライ、個人《こじん》メドレー、メドレーリレー、フリーリレーなど。

馬術《ばじゅつ》

肢体不自由《したいふじゆう》の選手《せんしゅ》と視覚障《しかくしょう》がいの選手《せんしゅ》により、技《わざ》の正確《せいかく》さや演技《えんぎ》の美《うつく》しさを競《きそ》う馬場馬術《ばばばじゅつ》が行《おこな》われる。個人種目《こじんしゅもく》は、規定演技《きていえんぎ》を行《おこな》う「チャンピオンシップテスト」と、音楽《おんがく》に合《あ》わせて演技《えんぎ》をする「フリースタイルテスト」。ほかに3人1組《にんひとくみ》で行《おこな》う団体種目《だんたいしゅもく》がある。

＊肢体不自由《したいふじゆう》：腕《うで》や脚《あし》、胴体部分《どうたいぶぶん》にまひや欠損《けっそん》、機能障《きのうしょう》がいなどがあり、日常動作《にちじょうどうさ》や姿勢維持《しせいいじ》などに不便《ふべん》さがあること。

トライアスロン

スイム（水泳《すいえい》）、バイク（自転車《じてんしゃ》）、ラン（走《はし》り）の3つの種目《しゅもく》を連続《れんぞく》して行《おこな》い、タイムを競《きそ》う。下肢《かし》に障《しょう》がいのある*1座位《ざい》クラスでは、バイクはハンドサイクルを、ランは競技用車《きょうぎようくるま》いすを使《つか》う。肢体不自由《したいふじゆう》の*2立位《りつい》クラスでは、バイクとランで義足《ぎそく》など補装具《ほそうぐ》の使用《しよう》がみとめられている。視覚障《しかくしょう》がいのクラスではガイドとともに競技《きょうぎ》し、バイクではタンデムバイクを使《つか》う。

*1　座位《ざい》：競技《きょうぎ》をすわって行《おこな》うこと。
*2　立位《りつい》：競技《きょうぎ》を立《た》って行《おこな》うこと。

ボート

2000m《メートル》の直線《ちょくせん》コースで着順《ちゃくじゅん》を競《きそ》う。シングルスカル（1人乗《ひとりの》り）、ダブルスカル（2人乗《ふたりの》り）、舵手《だしゅ》つきフォア（5人乗《にんの》り、4人《にん》こぎ）がある。下肢《かし》に障《しょう》がいのある人《ひと》が対象《たいしょう》のシングルスカルとダブルスカルは、一般《いっぱん》のボートと異《こと》なり、シートが固定《こてい》されていて、腕《うで》など上半身《じょうはんしん》のみでこぐ。

カヌー

ボートとは異《こと》なり、選手《せんしゅ》は進行方向《しんこうほうこう》に向《む》かってすわる。パラリンピック競技《きょうぎ》となっているのは、障害物《しょうがいぶつ》のない直線《ちょくせん》コースでいっせいにスタートして着順《ちゃくじゅん》を競《きそ》う個人《こじん》200m《メートル》スプリント。2016年《ねん》リオデジャネイロ大会《たいかい》では両《りょう》はしに水《みず》かきがついたパドルを使《つか》うカヤック種目《しゅもく》が行《おこな》われた。2020年東京大会《ねんとうきょうたいかい》では、本体《ほんたい》の横片方《よこかたほう》にバランスを取《と》るための浮《う》き（アウトリガー）がついた艇《てい》で、片《かた》はしに水《みず》かきがついたパドルを使《つか》って行《おこな》う、ヴァー種目《しゅもく》が加《くわ》わる。

パワーリフティング

台《だい》の上《うえ》にあおむけに横《よこ》たわり、バーベルを押《お》し上《あ》げその重《おも》さを競《きそ》う競技《きょうぎ》。バーベルをいったん胸《むね》まで下《お》ろし、そのあと、ひじが伸《の》びきるまで押《お》し上《あ》げる。出場《しゅつじょう》するのは、下肢《かし》に障《しょう》がいのある選手《せんしゅ》。障《しょう》がいの程度《ていど》によるクラス分《わ》けはなく、試合《しあい》は*体重別《たいじゅうべつ》に行《おこな》われる。

*ただし、下肢《かし》の一部《いちぶ》を失《うしな》っている選手《せんしゅ》は体重《たいじゅう》が軽《かる》くなってしまうため、切断《せつだん》の程度《ていど》に応《おう》じて、自身《じしん》の体重《たいじゅう》に一定《いってい》の重《おも》さを加算《かさん》した体重《たいじゅう》で分類《ぶんるい》される。

パワーリフティングでは、下半身《かはんしん》は台《だい》にベルトで固定《こてい》し、上半身《じょうはんしん》の力《ちから》だけで持《も》ちあげる。

柔道《じゅうどう》

視覚障《しかくしょう》がいのある選手《せんしゅ》のみが参加《さんか》。障《しょう》がいの程度《ていど》によるクラス分《わ》けはなく、オリンピック同様《どうよう》、男女別《だんじょべつ》・体重別《たいじゅうべつ》で行《おこな》われる。一般《いっぱん》の柔道《じゅうどう》と異《こと》なるのは、両選手《りょうせんしゅ》が組《く》み合《あ》った状態《じょうたい》から試合《しあい》が開始《かいし》されること。組《く》み手争《てあらそ》いがないため、すぐに技《わざ》のかけあいとなる。

テコンドー

バドミントンとともに、2020年《ねん》東京大会《とうきょうたいかい》で正式競技《せいしききょうぎ》になった。東京大会《とうきょうたいかい》では*上肢《じょうし》に障《しょう》がいのある選手《せんしゅ》を対象《たいしょう》とするキョルギ（組手《くみて》）が行《おこな》われ、男女別《だんじょべつ》、体重別《たいじゅうべつ》に競《きそ》う。使用《しよう》するコートや防具《ぼうぐ》はオリンピックと同《おな》じだが、パラリンピックでは胴体《どうたい》への3種類《しゅるい》の蹴《け》り技《わざ》だけが有効《ゆうこう》で、頭部《とうぶ》への攻撃《こうげき》は禁止《きんし》。

*上肢《じょうし》：腕《うで》や手《て》のこと。

車《くるま》いすフェンシング

固定《こてい》された車《くるま》いすにすわって行《おこな》うフェンシング。フットワークが使《つか》えず相手《あいて》との距離《きょり》が近《ちか》く一定《いってい》なので、剣《けん》さばきやスピードが勝敗《しょうはい》を決《き》める。フルーレ（胴体《どうたい》のみの突《つ》き）とエペ（上半身《じょうはんしん》の突《つ》き）、サーブル（上半《じょうはん》身《しん》の突《つ》き、斬《き》り）がある。障《しょう》がいの程度《ていど》によって2つのクラスに分《わ》けられ、男女別《だんじょべつ》に競《きそ》う。

ボッチャ

重度《じゅうど》の脳性《のうせい》まひなど、比較的重《ひかくてきおも》い障《しょう》がいをもつ人《ひと》のために考案《こうあん》されたパラリンピック特有《とくゆう》の競技《きょうぎ》。赤《あか》と青《あお》のボールを6球《きゅう》ずつ投《な》げたり、ころがしたり、ほかのボールに当《あ》てたりして、目標《もくひょう》の白《しろ》いボールにいかに多《おお》くのボールを近《ちか》づけられるかを競《きそ》う。ルールが似《に》ているため「地上《ちじょう》のカーリング」ともいわれる。男女《だんじょ》の区別《くべつ》はなく、個人《こじん》、ペア、チーム（3人1組《にんひとくみ》）がある。

ボッチャでは、選手《せんしゅ》は障《しょう》がいの種類《しゅるい》によって投《な》げ方《かた》を工夫《くふう》するため、さまざまな投《な》げ方《かた》がある。

5人制《にんせい》サッカー

「ブラインドサッカー」ともいわれる。チームは、4人《にん》の視覚障《しかくしょう》がいのあるフィールドプレーヤーと、弱視《じゃくし》か目《め》が見《み》えるゴールキーパーで構成《こうせい》。公平《こうへい》にするために、フィールドプレーヤーはアイマスクを着用《ちゃくよう》する。鉛《なまり》の玉《たま》が入《はい》ったボールの音《おと》や、ゴール裏《うら》から指示《しじ》を出《だ》すガイド（コーラー）、ゴールキーパーなどの声《こえ》をたよりに競技《きょうぎ》する。

車《くるま》いすバスケットボール

競技用車《きょうぎようくるま》いすに乗《の》って行《おこな》う、バスケットボール。競技人数《きょうぎにんずう》、コートの広《ひろ》さ、ゴールの高《たか》さなどはオリンピックと同《おな》じ。選手《せんしゅ》は障《しょう》がいの程度《ていど》や運動能力《うんどうのうりょく》によって1・0点《てん》から4・5点《てん》まで持《も》ち点《てん》があたえられ、5選手《せんしゅ》の合計《ごうけい》が14・0点以内《てんいない》でチームを構成《こうせい》する。ダブルドリブルはないが、ボールを持《も》った選手《せんしゅ》が車《くるま》いすをこぐ「プッシュ」は連続《れんぞく》2回《かい》まで。

シッティングバレーボール

肢体不自由《したいふじゆう》の選手《せんしゅ》が出場《しゅつじょう》する、お尻《しり》をゆかにつけた状態《じょうたい》で行《おこな》うバレーボール。オリンピックと同様《どうよう》、6人対《にんたい》6人《にん》、5セットマッチで行《おこな》われるが、オリンピックのコートより狭《せま》く、ネットも低《ひく》い。プレー中《ちゅう》にお尻《しり》がゆかからはなれるとファウルになる。また、相手《あいて》のサーブを直接《ちょくせつ》ブロックしたりアタックしたりできる。

シッティングバレーボールでは、上半身《じょうはんしん》の力《ちから》だけで力強《ちからづよ》いスパイクを打《う》つ。

ウィルチェアーラグビー

四肢《しし》に障《しょう》がいのある選手《せんしゅ》などが車《くるま》いすで行《おこな》うラグビー。車《くるま》いす同士《どうし》のタックルがみとめられていて迫力満点《はくりょくまんてん》。4人対《にんたい》4人《にん》で行《おこな》い、男女混合《だんじょこんごう》。選手《せんしゅ》は障《しょう》がいの程度《ていど》によって0・5点《てん》から3・5点《てん》まで持《も》ち点《てん》があたえられ、4選手《せんしゅ》の合計《ごうけい》が8・0点以内《てんいない》になるようチームを構成《こうせい》する。女子《じょし》が加《くわ》わると合計点《ごうけいてん》の上限《じょうげん》に1人《ひとり》につき0・5点《てん》を追加《ついか》できる。

ゴールボール

視覚障《しかくしょう》がい者《しゃ》のために考案《こうあん》されたパラリンピック特有《とくゆう》の球技《きゅうぎ》。1チーム3人《にん》。鈴《すず》の入《はい》ったボールをころがし、相手《あいて》のゴールに入《い》れて得点《とくてん》を競《きそ》う。公平《こうへい》にするため、全員目《ぜんいんめ》かくしをつける。守備側《しゅびがわ》は鈴《すず》の音《おと》や足音《あしおと》をたよりにボールのコースを予測《よそく》し、体《からだ》を投《な》げ出《だ》すようにしてゴールを守《まも》る。攻撃側《こうげきがわ》は、投《な》げる位置《いち》や方向《ほうこう》、スピードを変《か》えたり、足音《あしおと》を立《た》てないようにしたりして攪乱《かくらん》し、守備《しゅび》の壁《かべ》をこじあける。

車《くるま》いすテニス

肢体不自由《したいふじゆう》の選手《せんしゅ》が参加《さんか》。コートの広《ひろ》さやネットの高《たか》さなどルールはオリンピックのテニスとほぼ同《おな》じ。異《こと》なる点《てん》は、2《ツー》バウンドまでの返球《へんきゅう》がみとめられていること。男女別《だんじょべつ》のシングルスとダブルスのほか、男女混合《だんじょこんごう》で腕《うで》にも障《しょう》がいがあるなど障《しょう》がいの重《おも》い選手《せんしゅ》のクァードクラスがある。電動車《でんどうくるま》いすの使用《しよう》や、ラケットをにぎれない場合《ばあい》にテープで固定《こてい》するなどの工夫《くふう》もみとめられている。

卓球《たっきゅう》

肢体不自由《したいふじゆう》と知的障《ちてきしょう》がいに大別《たいべつ》され、肢体不自由《したいふじゆう》クラスには、車《くるま》いすと立位《りつい》のクラスがある。基本的《きほんてき》なルールはオリンピックと同《おな》じだが、障《しょう》がいによって特別《とくべつ》ルールがある。たとえば車《くるま》いすのシングルスのサービスでは、相手《あいて》コートのサイドラインを通過《つうか》してしまった場合《ばあい》はレット（ノーカウント）となる。男女別《だんじょべつ》に個人戦《こじんせん》と団体戦《だんたいせん》がある。

義足《ぎそく》をつけた立位《りつい》の選手《せんしゅ》。義足《ぎそく》にもシューズをはかせ、体《からだ》の左右《さゆう》のバランスを調整《ちょうせい》している。

バドミントン

2020年東京大会《ねんとうきょうたいかい》で正式競技《せいしききょうぎ》となった。車《くるま》いす2クラスと立位《りつい》4クラス（上肢《じょうし》の障《しょう》がいや下肢《かし》の障《しょう》がい、低身長症《ていしんちょうしょう》など）の6クラスに分《わ》かれている。ルールはオリンピックとほぼ同《おな》じだが、車《くるま》いすクラスと立位《りつい》の1クラスは通常《つうじょう》の半面《はんめん》のコートを使《つか》う。また、車《くるま》いすクラスにかぎり、ネット近《ちか》くに落《お》ちたシャトルはアウトとなる。

射撃《しゃげき》

ライフルやピストルで、固定《こてい》された的《まと》を撃《う》ちぬいて得点《とくてん》を競《きそ》う、肢体不自《したいふじ》由《ゆう》の選手《せんしゅ》が出場《しゅつじょう》する競技《きょうぎ》。自分《じぶん》の上半《じょうはん》身《しん》だけで銃《じゅう》を持《も》つクラスと、上半身《じょうはんしん》だけでは支《ささ》えられず、支持《しじ》スタンドを使《つか》うクラスがある。種目《しゅもく》は、銃《じゅう》の種《しゅ》類《るい》（空気銃《くうきじゅう》、火薬銃《かやくじゅう》）、射撃姿勢《しゃげきしせい》（立《りっ》射《しゃ》、伏射《ふくしゃ》）、標的《ひょうてき》までの距離《きょり》（10m《メートル》、25m《メートル》、50m《メートル》）などの組《く》み合《あ》わせで分《わ》けられる。男女別《だんじょべつ》と男女混合《だんじょこんごう》がある。

アーチェリー

肢体不自由《したいふじゆう》の選手《せんしゅ》が参加《さんか》する競技《きょうぎ》。弓《ゆみ》はオリンピックで使用《しよう》されるリカーブを使《つか》う種目《しゅもく》に加《くわ》え、弱《よわ》い力《ちから》でも射《い》ることができるコンパウンドを使《つか》う種目《しゅもく》がある。障《しょう》がいがもっとも重度《じゅうど》なクラスでは、どちらの弓《ゆみ》の使用《しよう》もみとめられている。

冬季《とうき》

アルペンスキー

肢体不自由《したいふじゆう》の立位《りつい》、座位《ざい》、視覚障《しかくしょう》がいに分《わ》かれ、さらに障《しょう》がいの程度《ていど》によるクラス分《わ》けがある。順位《じゅんい》は、実際《じっさい》にすべったタイムに障《しょう》がいのクラスごとに設定《せってい》された「係数《けいすう》」をかけた計算《けいさん》タイムで決《き》まる。座位《ざい》の選手《せんしゅ》は、スキー板《いた》が1本《ぽん》ついたそりのような「チェアスキー」を使用《しよう》。ストックの代《か》わりに先《せん》端《たん》に板《いた》がついた「アウトリガー」を使《つか》うこともある。視覚障《しかくしょう》がいの選手《せんしゅ》には、ガイドが前方《ぜんぽう》をすべり、声《こえ》で誘導《ゆうどう》する。

種目《しゅもく》は滑降《かっこう》、回転《かいてん》、大回転《だいかいてん》、スーパー大回転《だいかいてん》、スーパー複合《ふくごう》の5つ。

アウトリガーを使《つか》ってすべる立位《りつい》クラスの選手《せんしゅ》。

クロスカントリースキー

「雪上《せつじょう》のマラソン」ともいわれる、長《なが》いコースをすべる競技《きょうぎ》。肢体不自《したいふじ》由《ゆう》の立位《りつい》、座位《ざい》、視覚障《しかくしょう》がいのクラス別《べつ》に競《きそ》う。距離《きょり》の異《こと》なる3つの個《こ》人種目《じんしゅもく》と2つの団体種目《だんたいしゅもく》（リレー）がある。座位《ざい》の選手《せんしゅ》は、スキー板《いた》が2本《ほん》ついたそりのような形《かたち》の「シットスキー」で競技《きょうぎ》する。視覚障《しかくしょう》がいの選手《せんしゅ》にはガイドが前方《ぜんぽう》をすべり、声《こえ》で誘導《ゆうどう》する。

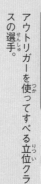

バイアスロン

クロスカントリースキーと射撃《しゃげき》を組《く》み合《あ》わせた競技《きょうぎ》。スキーで一定《いってい》の距離《きょり》をすべるごとに止《と》まって射撃《しゃげき》を行《おこな》い、それをくりかえす。肢体不自由《したいふじゆう》の立位《りつい》、座位《ざい》、視覚障《しかくしょう》がいに分《わ》かれて競《きそ》う。射撃《しゃげき》は腹《はら》ばいになって撃《う》つ伏射《ふくしゃ》で行《おこな》う。立位《りつい》、座位《ざい》のクラスでは空気圧《くうきあつ》で弾《たま》を発射《はっしゃ》するエアライフルを使《つか》う。視《し》覚障《かくしょう》がいのクラスでは、光線《こうせん》の出《で》るビームライフルを使《つか》うが、的《まと》を見《み》ることができないためヘッドホンから流《なが》れる音《おと》の変化《へんか》を聞《き》き分《わ》けて的《まと》をねらう「音《おん》式《しき》スコープ」という装置《そうち》を使《つか》う。

アイスホッケー

下肢《かし》に障《しょう》がいのある選手《せんしゅ》が「スレッジ」と呼《よ》ばれるそりに乗《の》って円《えん》盤状《ばんじょう》の「パック」をシュートして得《とく》点《てん》を競《きそ》う。リンク上《じょう》では6人対《にんたい》6人《にん》で戦《たたか》う。オリンピックとは異《こと》なり、ゴールキーパー以外《いがい》の選手《せんしゅ》は、短《みじか》いスティックを左右《さゆう》の手《て》に1本《ぽん》ずつ持《も》つ。スティックの「ピック」という先《さき》のとがった部分《ぶぶん》で氷《こおり》をとらえて進《すす》み、反対側《はんたいがわ》の「ブレード」でパックをあやつる。

「氷上《ひょうじょう》の格闘技《かくとうぎ》」とも呼《よ》ばれる、はげしい競技《きょうぎ》のアイスホッケー。

スノーボード

上肢《じょうし》や下肢《かし》に障《しょう》がいがある立位《りつい》の選手《せんしゅ》がスノーボードで競《きそ》う。障《しょう》がいの種類《しゅるい》や程度《ていど》により、3つのクラスに分《わ》かれている。2018年《ねん》の平昌大会《ピョンチャンたいかい》では、変化《へんか》に富《と》んだコースで順位《じゅんい》を競《きそ》うスノーボードクロスと、旗門《きもん》を回《まわ》りながらすべり、タイムを競《きそ》うバンクドスラロームが行《おこな》われた。

車《くるま》いすカーリング

車《くるま》いすに乗《の》って4人1組《にんひとくみ》で行《おこな》うカーリング。1名《めい》は女子《じょし》を入《い》れなければならない。オリンピックのカーリングとは異《こと》なり、助走《じょそう》はせず、決《き》められたエリアから手《て》、または「キュー」と呼《よ》ばれる補助具《ほじょぐ》でストーンをすべらせる。ブラシを使《つか》うスウィープも行《おこな》わない。個人《こじん》の技術《ぎじゅつ》に加《くわ》えて、チームとしての戦略《せんりゃく》が重要《じゅうよう》。

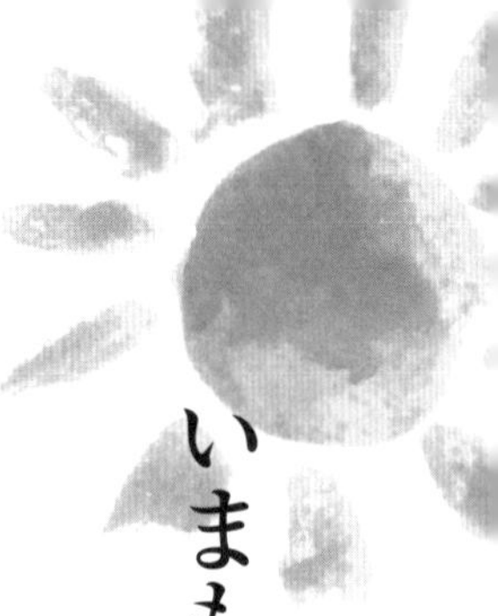

いまも発展《はってん》しつづける「太陽《たいよう》の家《いえ》」

（取材《しゅざい》・文《ぶん》　星野恭子《ほしのきょうこ》）

「No Charity《ノーチャリティ》, but a Chance《バットアチャンス》!（保護《ほご》より機会《きかい》を）」。障《しょう》がいがあっても、ひとりひとりの能力《のうりょく》と適性《てきせい》をいかして働《はたら》ける場《ば》があれば、経済的《けいざいてき》に自立《じりつ》し、普通《ふつう》にくらしていける──。
中村裕博士《なかむらゆたかはくし》のそんな信念《しんねん》のもと、１９６５年《ねん》に創設《そうせつ》された社会福祉法人《しゃかいふくしほうじん》「太陽《たいよう》の家《いえ》」。試行錯誤《しこうさくご》しながらも発展《はってん》をつづけ、２０１５年《ねん》には創立《そうりつ》50周年《しゅうねん》をむかえた。天皇皇后両陛下《てんのうこうごうりょうへいか》も出席《しゅっせき》され、記念式典《きねんしきてん》も行《おこな》われている。

いまでは年間約《ねんかんやく》９０００人《にん》もの視察《しさつ》・見学者《けんがくしゃ》が国内外《こくないがい》から訪《おとず》れる。障《しょう》がい者《しゃ》に働《はたら》く場《ば》を提供《ていきょう》し、スポーツを通《つう》じた自立支援《じりつしえん》も行《おこな》ってきた福祉施設《ふくししせつ》の「成功《せいこう》モデル」として、広《ひろ》くみとめられているからだ。

「太陽《たいよう》の家《いえ》」の発展《はってん》の理由《りゆう》とは何《なん》だろうか。

◉初《はつ》の障《しょう》がい者《しゃ》の理事長《りじちょう》

「太陽《たいよう》の家《いえ》」は海《うみ》と山《やま》にかこまれた美《うつく》しい自然《しぜん》と、全国有数《ぜんこくゆうすう》の温泉地《おんせんち》で知《し》られる、大分県別府市《おおいたけんべっぷし》に建《た》つ。

市内《しない》には国立障害者《こくりつしょうがいしゃ》リハビリテーションセンター自立支援局《じりつしえんきょく》「別府重度障害者《べっぷじゅうどしょうがいしゃ》センター」と社会福祉法人《しゃかいふくしほうじん》農協共済《のうきょうきょうさい》「別府《べっぷ》リハビリテーションセンター」もあり、２０１７年度《ねんど》の統計《とうけい》によれば、市《し》の人口約《じんこうやく》12万人《まんにん》のうち、約《やく》９０００人《にん》が何《なん》らかの障《しょう》がいのある人《ひと》だ。

「障《しょう》がい者《しゃ》が、あたりまえにくらす日常《にちじょう》がここにはある」
２０１８年《ねん》6月《がつ》に、「太陽《たいよう》の家《いえ》」理事長《りじちょう》に就任《しゅうにん》したばかりの山下達夫氏《やましたたつおし》（59）はそう話《はな》す。５代目《だいめ》にして初《はつ》の障《しょう》がい当事者《とうじしゃ》の理事長《りじちょう》になる。
脊髄性小児《せきずいせいしょうに》まひ（ポリオ）による重《おも》い障《しょう》がいのある山下理事長《やましたりじちょう》は１９７７年《ねん》、18歳《さい》で「太陽《たいよう》の家《いえ》」の訓《くん》練生《れんせい》になった。右手足《みぎてあし》はまひし、わずかに動《うご》く左手首《ひだりてくび》と足首《あしくび》だけで車《くるま》いすをこぐ。当時《とうじ》は製造業《せいぞうぎょう》が中心《ちゅうしん》で、とくに重度障《じゅうどしょう》がい者《しゃ》の社会参加《しゃかいさんか》は困難《こんなん》な時代《じだい》だったが、中村博士《なかむらはくし》の言葉《ことば》がはげみになった。
「これからは一家《いっか》に一台《いちだい》コンピュータの時代《じだい》がくる。手足《てあし》にハンデがあっても頭脳労働《ずのうろうどう》なら問題《もんだい》ない」

現在《げんざい》の太陽《たいよう》の家《いえ》。敷地内《しきちない》を住民《じゅうみん》がとおりぬけるオープンな施設《しせつ》だ。

そこで、システム開発《かいはつ》を学《まな》び知識《ちしき》を身《み》につけ、'84年《ねん》には創業《そうぎょう》したばかりの三菱商事太陽《みつびししょうじたいよう》㈱に就職《しゅうしょく》。２０１４年《ねん》には同社初《どうしゃはつ》の車《くるま》いすの社長《しゃちょう》に就任《しゅうにん》し、'16年《ねん》からは会長《かいちょう》に就《つ》くとともに「太陽《たいよう》の家《いえ》」副《ふく》理事長《りじちょう》も兼任《けんにん》していた。
「太陽《たいよう》の家《いえ》」に来《き》てから、はじめてひとりで買《か》い物《もの》に出《で》かけたり、先輩《せんぱい》と居酒屋《いざかや》に入《はい》ったり、「社会勉強《しゃかいべんきょう》」もたくさんした。23歳《さい》で、健常者《けんじょうしゃ》の女性職員《じょせいしょくいん》と結婚《けっこん》し、親《おや》にもなった。
「自立《じりつ》して家族《かぞく》をもつことが長年《ながねん》の夢《ゆめ》だった。太陽《たいよう》の家《いえ》に入所《にゅうしょ》していなかったら、いまの自分《じぶん》はない」と言《い》いきる。
「太陽《たいよう》の家《いえ》」は製造業《せいぞうぎょう》からスタートし、IT《アイティー》関連《かんれん》やサービス業《ぎょう》へと分野《ぶんや》をひろげた。おかげで、さまざまな障《しょう》がい者《しゃ》が活躍《かつやく》できる選択《せんたく》肢《し》もふえ、多《おお》くの人《ひと》がチャンスをつかめたのだ。

◉子《こ》どもたちが敷地《しきち》で遊《あそ》ぶオープンな社屋《しゃおく》

オープンで交《ま》じりあえる環境《かんきょう》をつくりだしたことで、地域住民《ちいきじゅうみん》からの理解《りかい》や受《う》けいれも進《すす》んだ。「太陽《たいよう》の家《いえ》」の敷地《しきち》には塀《へい》がなく、敷地内《しきちない》を地域住民《ちいきじゅうみん》がとおりぬけ、子《こ》どもたちが広場《ひろば》で遊《あそ》ぶ。運営《うんえい》するスーパーマーケットや近隣《きんりん》の銀行《ぎんこう》には、車《くるま》いす利用者《りようしゃ》にも使《つか》いやすい低《ひく》いカウンターなどが導入《どうにゅう》され、障《しょう》がいのある社員《しゃいん》も多《おお》く活躍《かつやく》する。「太陽《たいよう》の家《いえ》」にはまた、健常者《けんじょうしゃ》の職員《しょくいん》やパート従業員《じゅうぎょういん》もいる。地域住民《ちいきじゅうみん》が働《はたら》く場《ば》の拡大《かくだい》にも貢献《こうけん》している。施設内《しせつない》の体育館《たいいくかん》やスポーツジムは地域《ちいき》にも貸《か》しだされ、主催《しゅさい》する夏祭《なつまつ》りは職員《しょくいん》や近隣住民《きんりんじゅうみん》をあわせ1000人《にん》もが参加《さんか》する地域《ちいき》の恒例行事《こうれいぎょうじ》となっている。近隣《きんりん》の小学校《しょうがっこう》の運動会《うんどうかい》では、車《くるま》いすで見学《けんがく》に来《く》る保護者《ほごしゃ》のために専用《せんよう》のテントも準備《じゅんび》されるという。

山下理事長《やましたりじちょう》は約《やく》40年前《ねんまえ》、出身《しゅっしん》の山口県下関市《やまぐちけんしものせきし》から別府市《べっぷし》に移《うつ》ってきたころすでに、「車《くるま》いすに乗《の》る自分《じぶん》の姿《すがた》にふりむくのはゆかた姿《すがた》の温泉客《おんせんきゃく》だけ。地元《じもと》の人《ひと》は子《こ》どもでさえ、ふりむかなかったことに驚《おどろ》いた」と回想《かいそう》する。「太陽《たいよう》の家《いえ》」設立《せつりつ》から十数年《じゅうすうねん》で、障《しょう》がい者《しゃ》の姿《すがた》はもう地域《ちいき》になじんでいたことになる。

障《しょう》がいの有無《うむ》に関係《かんけい》なく、だれもがあたりまえに交流《こうりゅう》する「共生社会《きょうせいしゃかい》」という日常《にちじょう》が「太陽《たいよう》の家《いえ》」の周辺《しゅうへん》にはひろがっている。「障《しょう》がいのある人《ひと》が積極的《せっきょくてき》に町《まち》に出《で》ることが大切《たいせつ》。それが、バリアフリーも進《すす》めるように思《おも》う」。理事長《りじちょう》は強調《きょうちょう》する。

◉「あかるく、あんしん、あっとほーむ」という原点《げんてん》へ

近年《きんねん》、障《しょう》がい者雇用《しゃこよう》についての法律《ほうりつ》や制度《せいど》が変《か》わったことなどにより、福祉施設《ふくししせつ》の経営《けいえい》はむずかしくなっ

ているといわれる。身体障《しんたいしょう》がい者《しゃ》の高齢化《こうれいか》や財源問題《ざいげんもんだい》など課題《かだい》も多《おお》く、「太陽《たいよう》の家《いえ》」も例外《れいがい》ではない。「今《こん》後《ご》5年《ねん》、10年《ねん》で、雇用環境《こようかんきょう》は大《おお》きく変《か》わるはず」と、理事長《りじちょう》は危機感《ききかん》を口《くち》にする。

すでに、精神障《せいしんしょう》がい者《しゃ》や重度障《じゅうどしょう》がい者《しゃ》がふえ、対策《たいさく》が必要《ひつよう》になっている。バリアフリーなど、おもにハード面《めん》のサポートが必要《ひつよう》な身体障《しんたいしょう》がいとは異《こと》なり、精神障《せいしんしょう》がいは人《ひと》によるサポートが不可欠《ふかけつ》だ。

対応策《たいおうさく》として、「原点回帰《げんてんかいき》」をあげる。といっても、創業当時《そうぎょうとうじ》にもどるのではなく、「創業理念《そうぎょうりねん》をふまえながら、新《あら》たな基盤《きばん》づくり」をめざす。たとえば、精神障《せいしんしょう》がい者向《しゃむ》けの*就労移行支援事業《しゅうろういこうしえんじぎょう》の導入《どうにゅう》や拡充《かくじゅう》もそのひとつ。専門《せんもん》のケースワーカーもふやしている。

そのうえで、「『あかるく、あんしん、あっとほーむ』な太陽《たいよう》の家《いえ》づくり」を意識《いしき》した「3つの、あ」。理《り》事長《じちょう》が入所《にゅうしょ》した当時《とうじ》にはあった、利用者《りようしゃ》と職員間《しょくいんかん》の豊《ゆた》かなコミュニケーションを復活《ふっかつ》させたいと意気《いき》ごむ。

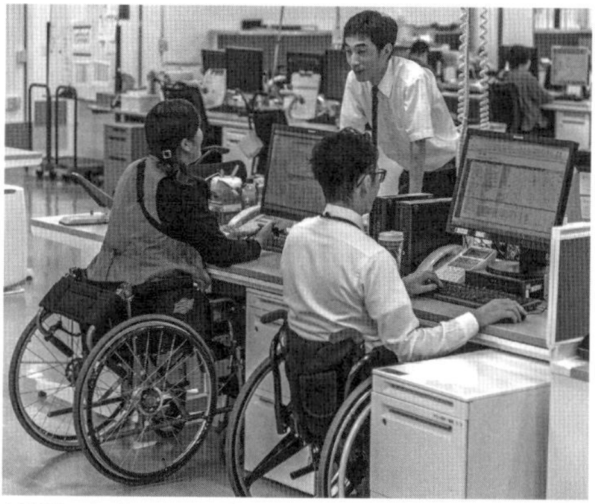
共同出資会社《きょうどうしゅっしがいしゃ》、三菱商事太陽《みつびししょうじたいよう》の社員《しゃいん》たち。

また、「感動《かんどう》される人《ひと》から、感謝《かんしゃ》される人《ひと》へ」という意識《いしき》も発信《はっしん》したいという。というのは、見学者《けんがくしゃ》の多《おお》くは、障《しょう》がいのある人《ひと》の働《はたら》く姿《すがた》を見《み》て感動《かんどう》するが、障《しょう》がい者《しゃ》はただ仕事《しごと》をしているだけ。「仕事《しごと》の成《せい》果《か》」で社会《しゃかい》に貢献《こうけん》し、「感謝《かんしゃ》される」存在《そんざい》になろうという呼《よ》びかけだ。

現状《げんじょう》に満足《まんぞく》せず、つねに危機感《ききかん》をもち、先《さき》を見《み》すえて進《すす》む。だから、時代《じだい》に対応《たいおう》し、発展《はってん》しつづけられるのだろう。「太陽《たいよう》の家《いえ》」のこれからに注目《ちゅうもく》したい。さらには同様《どうよう》の環境《かんきょう》が各地《かくち》で「あたりまえ」となることも期待《きたい》したい。

*就労移行支援事業《しゅうろういこうしえんじぎょう》：企業《きぎょう》などで働《はたら》きたい障《しょう》がい者《しゃ》に、職業訓練《しょくぎょうくんれん》や就活支援《しゅうかつしえん》を行《おこな》う福祉《ふくし》サービス。

漫画　**三枝 義浩**（さえぐさ　よしひろ）

1988年、週刊少年マガジン第40回新人漫画賞入選。1989年、『毎度ラーメン屋です』でデビュー。1991年、『チェルノブイリの少年たち』からドキュメントコミックシリーズを開始。『ヒロシマの証言者』『出口のない海』など『語り継がれる戦争の記憶』シリーズを発表。1999年、『キムンカムイ』連載。＊いずれも掲載は『週刊少年マガジン』。おもな著書に『漫画でよめる！ 語り継がれる戦争の記憶 戦火の約束』などがある。

『太陽の仲間たちよ』

初出：『週刊少年マガジン』1994年第10号、第11号

参考文献：『太陽の仲間たちよ』中村裕（講談社）
『中村裕伝』中村裕伝刊行委員会編
『すすめ、太陽をあびて』きりぶち輝（ＰＨＰ研究所）

協力：社会福祉法人　太陽の家　　写真協力：フォート・キシモト
文：　星野恭子、大野益弘、榎本康子
編集：株式会社ジャニス
装幀・本文デザイン：Chadal 108

culture

パラリンピックとある医師《いし》の挑戦《ちょうせん》

2018年8月9日　第1刷発行

漫　画：三枝義浩《さえぐさよしひろ》

発行者：渡瀬昌彦
発行所：株式会社講談社
〒112-8001　東京都文京区音羽2－12－21
電話　編集　03-5395-4021
　　　販売　03-5395-3625
　　　業務　03-5395-3615

印刷所：慶昌堂印刷株式会社
製本所：株式会社国宝社

ISBN978-4-06-512747-6
N.D.C.780 128p 21cm